Repè...

La pratique du vocabulaire espagnol

Hélène Hernandez

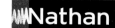

SOMMAIRE

© Nathan, 1997 et 1998 pour la première et deuxième éditions
© Nathan, 2005 pour la présente édition - ISBN 978-2-09-183058-2

MODE D'EMPLOI

Chaque double page est organisée de la manière suivante :

La page de gauche
La page « liste » présente, pour chaque domaine abordé, les mots indispensables, classés en trois rubriques.

La page de droite
La page « exercices » est destinée à compléter la page de gauche et à fixer les connaissances.

Les exercices portent sur :
— la formation des mots (par conversion, par dérivation, par composition),
— la construction des mots,
— l'apprentissage du vocabulaire en contexte.

Le chapitre étudié est repéré clairement.

Le titre annonce le sujet de la double page.

L'encadré souligne les difficultés de vocabulaire et de grammaire

---

(Reproduction réduite d'une double page)

¿ Te gusta o no te gusta ?

NATURALEZA / **LA GENTE** / LA VIDA EN LA CIUDAD / SOCIEDAD / ECONOMIA / CIENCIAS / UNAS CUANTAS NOCIONES

Sobre gustos no hay nada escrito.

EXERCICES

LES CORRIGÉS SONT FOURNIS À LA FIN DE L'OUVRAGE

NATURALEZA
LA GENTE
LA VIDA EN LA CIUDAD
SOCIEDAD
ECONOMÍA
CIENCIAS
UNAS CUANTAS NOCIONES

La tierra y el espacio

Nacer con buena estrella.

▰ Noms

▶ la tierra	la terre
el universo	l'univers
el globo terráqueo	le globe terrestre
el hemisferio	l'hémisphère
la astrofísica	l'astrophysique
la astronomía	l'astronomie
el observatorio	l'observatoire
el telescopio	le télescope
el planeta	la planète
el cometa	la comète
la estela	la traînée
el satélite	le satellite
la luna	la lune
el espacio	l'espace
el cielo	le ciel
la estrella	l'étoile
la constelación	la constellation
la estrella polar	l'étoile polaire
el lucero del alba	l'étoile du berger, l'étoile du matin
la estrella vespertina	l'étoile du soir
la estrella fugaz	l'étoile filante
la Osa Mayor	la Grande Ourse
la Vía láctea	la Voie lactée
el año luz	l'année lumière
los astros	les astres
el sol	le soleil
la puesta del sol	le coucher du soleil
la salida del sol	le lever du soleil
el eclipse	l'éclipse
el sistema solar	le système solaire
la galaxia	la galaxie
▶ el cohete	la fusée
la nave espacial	le vaisseau spatial

la lanzadera, el transbordador espacial	la navette spatiale
la astronave	l'astronef
el astronauta	l'astronaute
la estación espacial	la station spatiale, orbitale
la ingravidez	l'apesanteur
la guerra de las galaxias	la guerre des étoiles
el extraterrestre	l'extra-terrestre
el platillo volante	la soucoupe volante

▰ Adjectifs

▶ deslumbrante	éblouissant
nebuloso	nébuleux
estrellado	étoilé
▶ solar	solaire
estelar	stellaire
lunar	lunaire
interplanetario	interplanétaire
intersideral	intersidéral
terrestre	terrestre

▰ Verbes et expressions

▶ brillar	briller
centellear	scintiller
titilar (las estrellas)	scintiller
irradiar	rayonner
ponerse	se coucher
salir	se lever
crecer	croître
▶ poner en órbita	mettre en orbite
la puesta en órbita	la mise en orbite

4

EXERCICES

▮ Identification

Complétez le tableau en vous aidant des mots fournis.

1.   Norte
2.   …
3.   …
4. Oeste
5.   …
6.   …   Sureste
7.
8.   Sur

(a) Nordeste   **(b)** Este   **(c)** Suroeste
(d) Noroeste

Quelle planète manque-t-il ? C'est aussi le nom du dieu de la guerre.

Plutón   Neptuno   Urano   Saturno
Júpiter   Venus   Mercurio

▮ Déduction

Retrouvez la traduction des mots suivants :
1. el plenilunio, la luna llena
2. la media luna
3. la luna nueva
4. el cuarto menguante
5. el cuarto creciente

(a) la demi-lune, le croissant **(b)** la nouvelle lune **(c)** la pleine lune **(d)** le premier quartier **(e)** le dernier quartier

▮ Construction

Trouvez le mot grammatical manquant.
1. Subir … la luna
2. Las estrellas titilan … el cielo
3. Lo que le gusta es quedarse mirando la puesta … sol
4. Este chico nació … estrella
5. Van a poner … órbita la cápsula espacial
6. Sueña con dar la vuelta … mundo

(a) del   **(d)** en
(b) al   **(e)** en
(c) a   **(f)** con

▮ Expression

Retrouvez la traduction des six expressions suivantes :

1. La luna de abril
2. Ver las estrellas
3. De sol a sol
4. Quedarse a la luna de Valencia
5. Tener estrella

6. Arrimarse al sol que más calienta

(a) Rester le bec dans l'eau
(b) La lune rousse
(c) Être né sous une bonne étoile
(d) Du lever au coucher du soleil
(e) Se mettre du côté du plus fort
(f) Voir trente-six chandelles

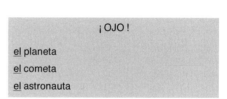

¡ OJO !

el planeta
el cometa
el astronauta

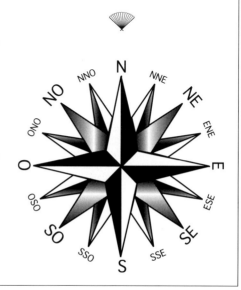

5

NATURALEZA
LA GENTE
LA VIDA EN LA CIUDAD
SOCIEDAD
ECONOMÍA
CIENCIAS
UNAS CUANTAS NOCIONES

Noticias del tiempo

A mal tiempo, buena cara.

▬ Noms

▶ el tiempo	le temps
el parte meteorológico	le bulletin météorologique
la veleta	la girouette
el barómetro	le baromètre
el termómetro	le thermomètre
▶ el buen tiempo	le beau temps
el calor	la chaleur
el rayo de sol	le rayon de soleil
el arco iris	l'arc-en-ciel
el bochorno	la chaleur lourde
la canícula	la canicule
la ola de calor	la vague de chaleur
▶ el viento, el aire	le vent
el cierzo ; la brisa	la bise ; la brise
la brisa marina	la brise de mer, marine
el céfiro	le zéphir
la ráfaga de viento	le coup de vent
el vendaval	le vent de tempête
la tempestad	la tempête
el huracán	l'ouragan
el ciclón	le cyclone
el torbellino, el remolino (d'eau)	le tourbillon
▶ la nube	le nuage
el nublado, el nubarrón	la nuée
la lluvia	la pluie
la gota (de agua)	la goutte (d'eau)
el temporal	le mauvais temps, la pluie persistante
el chaparrón, el chubasco	l'averse
el aguacero	la pluie d'orage
la tormenta	l'orage
trombas de agua	des trombes d'eau
el trueno	le tonnerre
el fragor del trueno	le roulement du tonnerre
el relámpago	l'éclair

el rayo	la foudre
▶ la niebla, la neblina	le brouillard
la bruma	la brume
el rocío	la rosée
▶ la nieve	la neige
el copo de nieve	le flocon de neige
la nevada	la chute de neige
la aguanieve	la neige fondue
la helada ; el hielo	la gelée ; la glace
el témpano, el carámbano	le glaçon
la escarcha	le givre ; la gelée blanche
el granizo	le grêlon
la granizada	la chute de grêle

▬ Adjectifs

sofocante, sofocador	suffocant, très lourd
bochornoso	lourd, étouffant
pesado ; caluroso	lourd ; chaud
dulce, manso, agradable	doux
fresco ; frío	frais ; froid
fresquito, fresquete	frisquet
helado	glacial, glacé
húmedo	humide
nublado, nubloso	nuageux
despejado (cielo)	dégagé
variable	changeant
huracanado (el viento)	violent

▬ Verbes et expressions

soplar	souffler
lloviznar ; calar	bruiner ; tremper
llover a cántaros, a mares ; a chorros	pleuvoir à verse ; à torrents
helar	geler
derritarse, deshacerse	fondre
estallar	éclater
relampaguear	faire des éclairs
curtir, tostar	hâler, bronzer
abrasar	brûler
estar asado de calor	étouffer de chaleur

6

EXERCICES

1 Conversion

Trouvez un mot appartenant à une autre catégorie grammaticale.
Ex. : Apenas ha caído nieve este año.
la nieve (n) = *la neige* → nevar (v) = *neiger*

1. Hace un sol abrasador 2. Nunca ha hecho un tiempo tan agobiante 3. No deja de llover desde hace tres días 4. ¡ A ver si no hiela esta noche !

2 Gradation

Classez les adjectifs suivants dans l'ordre, en partant du plus froid pour aller vers le plus chaud :
1. frío 2. bueno 3. helado 4. caluroso 5. fresquito 6. fresco 7. bochornoso

3 Construction

Trouvez le mot grammatical manquant.
1. Hoy, hace diez ... cero 2. Nos estamos ahogando ... calor 3. Le pilló la tormenta y se caló ... los huesos 4. Aquel día, llovía ... torrentes 5. Nunca se pierde el pronóstico (las previsiones meteorológicas) ... tiempo

(a) hasta **(b)** bajo **(c)** de **(d)** a **(e)** del

4 Définition

Trouvez pour chaque élément de la première série sa définition dans la seconde.
1. el meteoro 2. la tormenta 3. el aguacero 4. la llovizna 5. la meteorología 6. el chaparrón 7. el meteorologista 8. el copo de nieve 9. la aguanieve

(a) Es el nombre que se da a la lluvia fina **(b)** Es el nombre que se da a las porciones en que cae la nieve **(c)** Es la alteración de la atmósfera con truenos, viento y precipitación de lluvia **(d)** Es el científico que estudia los meteoros **(e)** Es el nombre que se da a los diversos fenómenos atmosféricos como la lluvia, el granizo etc. **(f)** Es la lluvia repentina, violenta y de poca duración **(g)** Es la ciencia que se ocupa de los meteoros **(h)** Es el agua que cae mezclada con nieve **(i)** Es la lluvia más o menos violenta que dura sólo unos minutos

5 Apprenez en lisant

Complétez les phrases suivantes à l'aide des mots fournis :
1. Ójala no ..., no llevo paraguas
2. Vamos a ir de vacaciones a la montaña, ¡ cuánto me gustaría que haya ... !
3. Sólo cayeron cuatro (quelques) ...
4. Están ... de calor 5. Nunca llueve a... de todos (Il est difficile de contenter tout le monde)

(a) asados **(b)** llueva (llover) **(c)** gotas **(d)** nieve **(e)** gusto

6 Expression

En vous aidant du contexte, trouvez le sens des expressions ou verbes suivants :
1. Hace tanto calor que estoy sudando a chorros
2. Llegó hecho una sopa
3. No corre nada el aire
4. Un tiempo lluvioso

CHARLANDO
– ¡ Cuánto me gustaría que haga sol mañana !
– Oye, pues, anuncian lluvia...
– ¡ No me digas ! Estoy de boda. Fíjate, pensaba ponerme el vestido rojo de manga corta y unos zapatos abiertos.
– Yo te aconsejaría que te pusieras unas botas de lluvia y te llevaras el paraguas.
– ¡ Vaya mala pata si llueve !

¡ OJO !			
nevar	la nieve	soñar	el sueño
helar	el hielo	merendar	la merienda
llover	la lluvia	rodar	la rueda
tronar	el trueno	almorzar	el almuerzo
contar	el cuento		

NATURALEZA

LA GENTE

LA VIDA EN LA CIUDAD

SOCIEDAD

ECONOMÍA

CIENCIAS

UNAS CUANTAS NOCIONES

Geografía y geología

Cuando el río suena,
agua lleva.

▬ Noms

▶ el mundo	le monde
el mapa	la carte
la carta	la carte (marine)
el mapamundi	la mappemonde
la brújula, la aguja de marear	la boussole
el huso horario	le fuseau horaire
▶ el pueblo	le village
la ciudad	la ville
la gran ciudad, la urbe	la grande ville
el país	le pays
▶ el mar ; la cala	la mer ; la crique
el océano	l'océan
la isla ; la península	l'île ; la péninsule, la presqu'île
el islote	l'îlot
el estrecho	le détroit
la costa	la côte
el litoral	le littoral
▶ el lago	le lac
el estanque	l'étang
la albufera	la lagune, l'étang naturel
la laguna	la lagune
la fuente, el manantial	la source
el arroyo	le ruisseau
el río	le fleuve, la rivière
el pantano, la presa	le barrage
el embalse	la retenue d'eau, le barrage
el afluente	l'affluent
la orilla, la ribera	la rive
la ciénaga, el terreno pantanoso	le marécage
▶ la colina	la colline
la montaña, los montes	la montagne
la sierra, la cadena de montañas	la chaîne de montagnes
la cordillera	la cordillère
el paso	le col

la cumbre	le sommet
el desfiladero	le défilé
la gruta	la grotte
▶ el geólogo	le géologue
la tierra	la terre
la corteza terrestre	la croûte (terrestre)
la capa, el estrato	la couche
el banco	le banc
la sismología	la sismologie
el seísmo, el sismo	le séisme
la erupción	l'éruption
el terremoto	le tremblement de terre
el corrimiento	le glissement de terrain
la corriente de lava	la coulée de lave
el desmoronamiento de una roca	l'effritement d'une roche
la deriva de los continentes	la dérive des continents
la erosión glacial	l'érosion glaciaire
la arena	le sable
el arenal	l'étendue de sable
▶ el mineral	le minéral
el yacimiento	le gisement
la cantera	la carrière

▬ Adjectifs

caudaloso	de grand débit
ondulado	vallonné
llano	plat
alto	haut
avolcanado (suelo), volcánico	volcanique

▬ Verbes et expressions

correr	couler
salir de madre	déborder
inundar	inonder
brotar, manar	sourdre
erosionar	éroder
extraer	extraire

8

EXERCICES

■1 Intrus

Trouvez l'intrus.
1. el Mar del Norte
2. el Mar Mediterráneo
3. el Océano Índico
4. el Mar Caribe
5. el Mar Negro
6. el Mar Egeo
7. el Mar Cantábrico
8. el Océano Atlántico
9. el Mar de China
10. el Océano Pacífico
11. el Mar Adriático
12. el Mar de Aral
13. el Mar Rojo
14. el Mar Báltico
15. el Estrecho de Gibraltar
16. el Mar Caspio
17. el Mar Muerto

■2 Identification

Parmi les fleuves suivants, trouvez les fleuves qui traversent l'Espagne :
1. el Ródano 2. el Ebro 3. el Rin 4. el Nilo 5. el Tajo 6. el Manzanares 7. el Misisipi 8. el Amazonas 9. el Tormes 10. el Duero 11. el río de la Plata 12. el Danubio 13. el Miño 14. el Urubamba 15. el Apurimac 16. el Guadalquivir

■3 Expression (1)

Retrouvez la traduction des expressions suivantes :

1. Un océano de amargura
2. El mundo es de los audaces
3. Echarse al monte
4. A río revuelto ganancia de pescadores
5. Río abajo
6. No es nada del otro mundo
7. Río arriba

(a) Gagner le maquis
(b) Un océan d'amertume
(c) En aval
(d) Ce n'est pas la mer à boire
(e) Pêcher en eau trouble
(f) En amont
(g) La fortune sourit aux audacieux

■4 Expression (2)

Retrouvez sept expressions à partir des deux listes :

1. Recorrer
2. El Nuevo
3. La tierra
4. Poner pie
5. Un lago
6. A
7. Una montaña

(a) en tierra
(b) de agua salada
(c) mares
(d) Mundo
(e) de libros
(f) el mundo entero
(g) firme

■5 Équivalent

Trouvez le mot français correspondant.
1. el cabo 2. el meridiano 3. la península ibérica 4. el istmo 5. el promontorio 6. la cima 7. el archipiélago 8. el cráter 9. la avalancha

■6 Définition

Trouvez pour chaque élément de la première série sa définition dans la seconde.

1. el volcán 2. el desierto 3. la vulcanología 4. yermo 5. pedregoso

(a) Es la ciencia que estudia los volcanes
(b) Es una abertura en la tierra. Muy a menudo, por ella salen materias ígneas y gases
(c) Califica el terreno sin vegetación o despoblado
(d) Califica el terreno en que hay muchas piedras
(e) Es un lugar arenoso generalmente y desprovisto de vegetación

¡ OJO !

Les noms de fleuves, de mers et d'océans sont du genre masculin.
Ex.   El Sena
          El Loira
          El Amazonas
          El Mediterráneo
          El Océano Atlántico

NATURALEZA
LA GENTE
LA VIDA EN LA CIUDAD
SOCIEDAD
ECONOMÍA
CIENCIAS
UNAS CUANTAS NOCIONES

Las plantas

Por el fruto se reconoce el árbol.

▬ Noms

▶ la botánica	la botanique
la raíz ; el tallo	la racine ; la tige
la hoja	la feuille
la hojarasca	les feuilles mortes
el capullo	le bouton
la flor	la fleur
la semilla	la graine
el brote	le bourgeon
los pétalos	les pétales
el tronco	le tronc
la corteza	l'écorce
la rama	la branche
▶ el alga	l'algue
el musgo	la mousse
el helecho	la fougère
el liquen	le lichen
los hongos, las setas	les champignons
la seta (champignon à chapeau)	le champignon, le cèpe
▶ la flor silvestre	la fleur sauvage
la margarita de los prados, la maya	la pâquerette
la amapola	le coquelicot
la primavera	la primevère
el narciso de las nieves	le perce-neige
el azahar	la fleur d'oranger
el jazmín	le jasmin
la azucena	le lis
la orquídea	l'orchidée
el aro, el alcatraz	l'arum
la camelia	le camélia
el cacto, el cactus	le cactus
el maguey, la agave	l'agave
el matorral, el zarzal	le buisson
el acebo	le houx
la hiedra	le lierre
el muérdago	le gui
▶ los árboles frutales	les arbres fruitiers
el limonero	le citronnier
el albaricoquero	l'abricotier
el granado	le grenadier

el cocotero, el coco	le cocotier
la chumbera, el nopal	le figuier de Barbarie
▶ el bosque, el monte	le bois
la selva	la forêt
el roble	le chêne
la encina	le chêne vert
el haya	le hêtre
el abedul	le bouleau
el álamo	le peuplier
el plátano	le platane
el olmo	l'orme
el sauce	le saule pleureur
el nogal	le noyer
el castaño de Indias	le marronnier
el pino	le pin
el abeto	le sapin
la piña	la pomme de pin
el ciprés	le cyprès
la caoba	l'acajou
el ébano	l'ébénier
▶ la madera	le bois
la leña	le bois (à chauffer)
el leñador	le bûcheron
el leño	la bûche
la cepa, el tocón	la souche
una hacha	une hache
la sierra	la scie
el aserradero, la serrería	la scierie
la repoblación forestal	le reboisement

▬ Adjectifs

vivaz, perenne	vivace
caduco ; marchito	caduc ; fané
venenoso	vénéneux

▬ Verbes

crecer, brotar	pousser, bourgeonner
marchitarse, ajarse	se faner, se flétrir
serrar, aserrar	scier
talar	couper, abattre (un arbre)

EXERCICES

◼ Déduction

Attribuez à chaque arbre son fruit.
1. El árbol que produce ciruelas (les prunes) se llama... **2.** El árbol que produce manzanas (les pommes) se llama... **3.** El árbol que produce cerezas (les cerises) se llama... **4.** El árbol que produce aceitunas (les olives) se llama... **5.** El árbol que produce naranjas (les oranges) se llama... **6.** El árbol que produce limones (les citrons) se llama... **7.** El árbol que produce dátiles (les dattes) se llama... **8.** El árbol que produce higos (les figues) se llama... **9.** El árbol que produce nueces (les noix) se llama... **10.** El árbol que produce bellotas (les glands) se llama... **11.** El árbol que produce peras (les poires) se llama... **12.** El árbol que produce melocotones (les pêches) se llama... **13.** El árbol que produce albaricoques (les abricots) se llama... **14.** El árbol que produce avellanas (les noisettes) se llama... **15.** El árbol que produce castañas (les châtaignes) se llama... **16.** El árbol que produce almendras (les amandes) se llama...

(a) el manzano **(b)** la palmera **(c)** el limonero **(d)** el nogal **(e)** el ciruelo **(f)** el albaricoquero **(g)** el cerezo **(h)** el olivo **(i)** el melocotonero **(j)** la encina **(k)** la higuera **(l)** el naranjo **(m)** el peral **(n)** el almendro **(o)** el avellano **(p)** el castaño

◼ Définition

Trouvez pour chaque élément de la première série sa définition dans la seconde.
1. la raíz **2.** las espinas **3.** el jardinero **4.** el invernadero **5.** los árboles frutales **6.** marchitas
(a) Se dice que no hay rosas que no las tengan **(b)** Son los árboles que dan fruta **(c)** Es la parte de la planta que se encuentra en la tierra **(d)** Cuando las flores llevan varios días cortadas **(e)** Es la persona que cultiva flores **(f)** Es el lugar donde hay flores que necesitan mucho calor

◼ Équivalent

Trouvez le mot français correspondant.
1. la vegetación **2.** el jardín **3.** la rosa **4.** regalar, ofrecer flores **5.** el tulipán **6.** la lila **7.** el geranio **8.** la margarita **9.** la grosella **10.** la fresa

◼ Expression

Retrouvez cinq expressions à partir des deux listes :
1. Pedir peras **(a)** la margarita
2. Deshojar **(b)** castañas
3. Crecer como **(c)** pocas nueces
4. Querer costal y **(d)** al olmo
5. Mucho ruido y **(e)** hongos

◼ Identification

Trouvez le nom des fleurs dessinées.

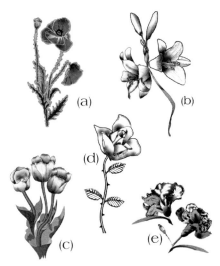

¡ OJO !

Toutes les consonnes ne peuvent être doublées (CaRoLiNa)
Lección, diccionario
Corrección, garrafa
llorar, la llama
Perenne

11

NATURALEZA
LA GENTE
LA VIDA EN LA CIUDAD
SOCIEDAD
ECONOMÍA
CIENCIAS
UNAS CUANTAS NOCIONES

Los animales

Cría cuervos y te sacarán los ojos.

▬ Noms

▶ el mamífero	*le mammifère*
las patas	*les pattes*
la cola	*la queue*
el hocico	*le museau*
el pelaje	*le pelage, la robe*
el vellón	*la toison*
la crin	*la crinière*
los cascos	*les sabots (du cheval)*
la trompa	*la trompe*
los colmillos	*les défenses*
los cuernos, las astas	*les cornes, les bois*
las garras, las uñas, las zarpas	*les griffes*
la pezuña	*le sabot (fourchu)*
▶ el animal doméstico	*l'animal domestique, familier*
el perro	*le chien*
el perro bastardo, el chucho	*le bâtard*
el gato	*le chat*
el caballo	*le cheval*
la vaca	*la vache*
el buey	*le bœuf*
la cabra	*la chèvre*
el asno, el burro el borriquillo	*l'âne*
▶ los animales salvajes	*les animaux sauvages*
el murciélago	*la chauve-souris*
el zorro	*le renard*
la liebre	*le lièvre*
el erizo	*le hérisson*
el ratón	*la souris*
el conejo	*le lapin*
la ardilla	*l'écureuil*
el búfalo	*le buffle*
el camello	*le chameau*
el mono	*le singe*
la mona	*la guenon*
las fieras	*les fauves*
▶ el pájaro	*l'oiseau*
la pluma	*la plume*
las alas	*les ailes*
el pico	*le bec*
▶ el pez	*le poisson (vivant)*
el pescado	*le poisson (qui est pêché)*
la espina	*l'arête*
▶ la rana	*la grenouille*
el sapo	*le crapaud*
▶ la araña	*l'araignée*
la telaraña	*la toile d'araignée*
la hormiga	*la fourmi*
la abeja	*l'abeille*
la mariposa	*le papillon*
la pulga	*la puce*
la mosca	*la mouche*
el caracol	*l'escargot*
la avispa	*la guêpe*
el gusano	*le ver de terre*

▬ Adjectifs

manso	*doux*
voraz	*vorace*
fiero	*féroce*

▬ Verbes

ladrar	*aboyer*
morder	*mordre*
lamer	*lécher*
relinchar	*hennir*
poner	*pondre un œuf*
anidar	*faire son nid*
volar	*voler*
amaestrar	*dresser*
domar	*dompter*

EXERCICES

1 Équivalent

Trouvez le mot français correspondant.
1. el mosquito 2. el lirón 3. la cigüeña
4. el flamenco 5. el hipopótamo 6. el
avestruz 7. la perdiz 8. el ciempiés 9. el
león 10. el oso 11. el tigre 12. el delfín 13.
la pantera 14. el cachalote 15. el rinoce-
ronte 16. el salmón 17. la ballena 18. el
gorila 19. el cocodrilo 20. la rata 21. la
víbora 22. la jirafa 23. el leopardo 24. el
ruiseñor 25. el pingüino 26. la tortuga

2 Identification (1)

*Retrouvez dans la 2e liste le nom du
petit qui correspond à chaque animal.*
1. el conejo 2. el lobo 3. el oso 4. el
caballo 5. el ciervo 6. la oveja 7. la cabra
8. la rana 9. la gallina 10. el perro

(a) el osezno (b) el potro (c) el gazapo, el
conejillo (d) el choto, el chivo (e) el cordero
(f) el cervato (g) el lobezno (h) el polluelo,
el pollito (i) el renacuajo (j) el cachorro

3 Identification (2)

*À chaque animal correspond un cri.
Complétez le tableau :*

1.	Un perro …	Su grito es el …
2.	Un gato …	Su grito es el …
3.	Una gallina …	Su grito es el …
4.	Un burro …	Su grito es el …
5.	Un caballo …	Su grito es el …
6.	Una vaca …	Su grito es el …
7.	Un león …	Su grito es el …
8.	Una rana …	Su grito es el …
9.	Una cigüeña …	Su grito es el …
10.	Un pavo …	Su grito es el …
11.	Un cordero …	Su grito es el …
12.	Un gato satisfecho …	El ruido o ronquido que emite es el …

(a) cacarear ; el cacareo (b) mugir ; el
mugido (c) ladrar ; el ladrido (d) rebuz-
nar ; el rebuzno (e) relinchar ; el relincho
(f) croar ; el croar (g) rugir ; el rugido
(h) maullar ; el maullido (i) balar ; el balido
(j) ronronear ; el ronroneo (k) crotorar ; el
crotorar (l) graznar ; el graznido

4 Expression

*Retrouvez huit expressions, à partir des
deux listes :*
1. Una risa   (a) de abejas
2. Un enjambre   (b) de águila
3. Dar gato   (c) de conejo
4. Una vista   (d) por liebre
5. Como pez   (e) y gatos
6. Un tiempo   (f) en el agua
7. Vivir como perros (g) ni un gato
8. No hay   (h) de perros

5 Déduction

*Trouvez dans la deuxième liste le terme
de comparaison qui convient :*
1. Ser más aburrido que
2. Ser más vivo que
3. Ser más pesado que
4. Ser más terco que
5. Estar más colorado que
6. Ser más robusto que
7. Ser más raro que
8. Ser más dócil que
9. Ser más bravo que
10. Ser más hablador que

(a) una ardilla (b) un borrego (c) un can-
grejo (d) un perro verde (e) una ostra (f) un
león (g) un toro (h) una mula (i) una vaca
en brazos (j) una cotorra, un papagayo

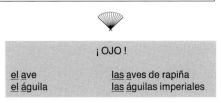

¡OJO!	
el ave	las aves de rapiña
el águila	las águilas imperiales

NATURALEZA

LA GENTE

LA VIDA EN LA CIUDAD

SOCIEDAD

ECONOMÍA

CIENCIAS

UNAS CUANTAS NOCIONES

Ecología

Nuestro planeta, nuestra naturaleza : protegedlos.

■■■ Noms

▶ el medio ambiente — *l'environnement*
el ecologista — *l'écologiste*
la conservación — *la sauvegarde*
las especies en vías de extinción — *les espèces en voie de disparition*
la especie protegida — *l'espèce protégée*
la reserva natural — *la réserve naturelle*
la biosfera — *la biosphère*
la selva tropical — *la forêt tropicale*
la selva virgen — *la forêt vierge*
la lluvia ácida — *les pluies acides*
el efecto (de) invernadero — *l'effet de serre*
el calentamiento de la temperatura global del planeta — *le réchauffement de la planète*
el óxido de carbono — *l'oxyde de carbone*
la capa de ozono — *la couche d'ozone*
los rayos ultravioletas — *les rayons ultraviolets*

▶ la energía nuclear — *l'énergie nucléaire*
la energía eólica — *l'énergie éolienne*
la energía fósil — *l'énergie fossile*
la energía solar — *l'énergie solaire*

▶ la contaminación — *la pollution*
el contaminante — *le polluant*
los clorofluor-carbonos — *les CFC, les chloro-fluorocarbones*
el aerosol — *la bombe, l'aérosol*
las aguas sucias ; las aguas residuales — *les eaux usées ; les eaux résiduelles*
la alcantarilla, la cloaca — *l'égout*
el vertedero — *la décharge publique*
el vertedero ilegal — *la décharge sauvage*
la marea negra — *la marée noire*
los residuos atómicos ; tóxicos ; radioactivos ; térmicos — *les déchets atomiques ; toxiques ; radioactifs ; thermiques*

el tratamiento de los residuos — *le traitement des déchets*
los gases de escape — *les gaz d'échappement*
la gasolina sin plomo — *l'essence sans plomb*
el catalizador — *le pot catalytique*
la basura — *les ordures ménagères*
la recogida de basura — *le ramassage des ordures*
la estación depuradora, de depuración — *la station d'épuration*
el contenedor — *le conteneur*
la incineradora, la planta incineradora — *l'usine d'incinération des ordures*
los daños — *les nuisances*

■■■ Adjectifs

medioambiental — *de l'environnement*
radioactivo — *radioactif*
contaminante — *polluant*
desechable — *jetable*
nocivo (para el el entorno) — *nuisible (à l'environnement)*
desaparecido — *disparu*

■■■ Verbes et expressions

estar en peligro de desaparecer — *être menacé de disparition*
amenazar — *menacer*
desaparecer — *disparaître*
agotar — *épuiser*
contaminar (el aire) — *polluer (l'air)*
contaminar (el agua) — *polluer, contaminer l'eau*
verter — *déverser*
despedir gases tóxicos — *dégager, émettre des gaz toxiques*
echar humo — *fumer, cracher de la fumée*
forestar — *reboiser*

EXERCICES

❶ Synonyme

Trouvez un mot ou une expression de sens voisin.
1. dañino 2. el entorno 3. radiactivo 4. las molestias 5. el basurero 6. de usar y tirar 7. la repoblación forestal 8. el reciclaje

❷ Antonyme

Trouvez un mot ou une expression de sens opposé.
1. destruir 2. la especie protegida 3. deforestar 4. inofensivo 5. descontaminar 6. la gasolina con plomo

❸ Déduction

Trouvez dans la liste B les équivalents français des vocables ou expressions suivants :
A
1. el dióxido de carbono 2. el ozono estratosférico 3. el agujero de la capa de ozono 4. el ruido ambiental 5. el movimiento ecologista

B
(a) le trou dans la couche d'ozone (b) le mouvement écologique (c) l'ozone stratosphérique (d) le dioxyde de carbone (e) les nuisances sonores

❹ Définition

Trouvez pour chaque élément de la première série sa définition dans la seconde.
1. la deforestación 2. el cierre de una central nuclear 3. el papel reciclado 4. la atmósfera

(a) Es la decisión que se toma si resulta peligroso que siga en actividad
(b) Es el hecho de cortar árboles
(c) Es la capa gaseosa que rodea la Tierra
(d) En vez de tirarlo, se utiliza de nuevo... y sirve otra vez

❺ Équivalent

Trouvez le mot français correspondant :
1. el defensor del medio ambiente 2. la especie protegida 3. el parque natural 4. el gas carbónico 5. la eliminación de los desechos 6. reutilizable 7. biodegradable 8. destruir 9. proteger la naturaleza 10. reciclar 11. disminuir 12. forestar

CHARLANDO
– Los ecologistas llevan años luchando por la defensa de la naturaleza, del entorno, avisando sobre ciertas amenazas como la destrucción de la capa de ozono, denunciando la contaminación del ambiente por muchas empresas poco escrupulosas...
– Por poco me convences...
– No olvidemos que la política y la economía son esenciales pero la ecología también.
– Estoy totalmente de acuerdo contigo. Además, la política no consigue arreglarlo todo...

¡ OJO !	
La destrucción	las destrucciones
la contaminación	las contaminaciones
la estación depuradora	las estaciones depuradoras

...Y ALGÚN DÍA HIJO MÍO, LAMENTABLEMENTE TODO ESTO SERÁ TUYO

© La Pluma Sonriente/Oscar Sierra Quintero

15

NATURALEZA
LA GENTE
LA VIDA EN LA CIUDAD
SOCIEDAD
ECONOMÍA
CIENCIAS
UNAS CUANTAS NOCIONES

El cuerpo

Poner cara de pocos amigos.

▰ Noms

► la cabeza, la testa	*la tête*
el pelo, los cabellos	*les cheveux*
el cuello	*le cou*
la nuca, el cogote	*la nuque*
la cara, el rostro	*le visage*
la frente	*le front*
los ojos	*les yeux*
la nariz	*le nez*
la oreja	*l'oreille*
las mejillas	*les joues*
los pómulos	*les pommettes*
las mandíbulas	*les mâchoires*
la barbilla	*le menton*
la boca	*la bouche*
el paladar	*le palais*
los labios	*les lèvres*
la lengua	*la langue*
los dientes	*les dents*
las encías	*les gencives*
► el tronco	*le tronc*
los hombros	*les épaules*
la espalda	*le dos*
el pecho	*la poitrine, le sein*
el vientre,	*le ventre*
la barriga, la tripa	
la cintura, el talle	*la taille*
la cadera	*la hanche*
el trasero	*le postérieur*
las nalgas	*les fesses*
► los miembros	*les membres*
el brazo	*le bras*
el codo	*le coude*
la muñeca	*le poignet*
la mano	*la main*
► el pulso	*le pouls*
el puño	*le poing*
la palma (de la mano)	*la paume*
los dedos	*les doigts*
el dedo pulgar,	*le pouce*
el dedo gordo	

el dedo índice	*l'index*
el meñique	*l'auriculaire,*
	le petit doigt
la uña	*l'ongle*
la pierna	*la jambe*
el muslo	*la cuisse*
la rodilla	*le genou*
la pantorrilla	*le mollet*
el tobillo	*la cheville*
el pie	*le pied*
el talón	*le talon*
el dedo del pie	*l'orteil*
la planta del pie	*la plante du pied*
► el esqueleto	*le squelette*
el hueso	*l'os*
el cráneo	*le crâne*
la columna vertebral	*la colonne vertébrale*
las vértebras	*les vertèbres*
el músculo	*le muscle*
la vena	*la veine*
la arteria	*l'artère*
la sangre	*le sang*
la piel	*la peau*
el sudor	*la sueur*
► los órganos	*les organes*
el cerebro	*le cerveau*
el corazón	*le cœur*
los pulmones	*les poumons*
la respiración	*la respiration*
el estómago	*l'estomac*
el hígado	*le foie*
los riñones	*les reins*
los intestinos	*les intestins*

▰ Verbes

sudar	*transpirer*
hacer pipí	*faire pipi*
orinar	*uriner*
digerir	*digérer*
respirar	*respirer*
latir	*battre*
palpitar	*palpiter*

EXERCICES

1 Déduction

Repérez le terme désignant une partie du corps.
1. He cogido frío y me duele la garganta
2. Está envejeciendo mucho estos últimos tiempos : tiene marcadas bolsas bajo los ojos
3. Tiene que ir a sacarse una muela a pesar de que no le gusta ir al dentista
4. Padece dolores de estómago
5. Al hacer un mal movimiento se torció el brazo
6. Los médicos le dijeron que era un problema de médula espinal

2 Équivalent

Donnez le sens des mots suivants, proches du français :
1. la faringe 2. la pupila 3. la espina dorsal 4. el perímetro torácico 5. la saliva 6. la carne 7. la rótula 8. las costillas

3 Expression

Retrouvez la traduction des expressions suivantes :

1. De carne y hueso	(a) Être comme les deux doigts de la main
2. Andar de cabeza	(b) Avoir les yeux plus gros que le ventre
3. Llenar el ojo antes que la barriga	(c) Qui n'a pas froid aux yeux
4. Hablar por los codos	(d) En chair et en os
5. Ser carne y uña	(e) Avoir la langue bien pendue
6. De pelo en pecho	(f) Ne pas savoir où donner de la tête

4 Traduction

Traduisez les phrases ci-dessous en vous servant de l'aide fournie.
1. Se aburre y se cruza de brazos todo el día.
2. Es tan tímido que no despegó los labios en toda la noche.

3. Tenía tanto sueño que dormía a pierna suelta.
4. Al enterarme de la noticia se me puso carne de gallina.
5. No me arrancó el coche esta mañana, fui a la oficina a patita.
6. Estaban paseando e iban cogidos del brazo.
7. Tiene muchas cosas que hacer y está con los nervios de punta.
8. Se está quedando en los huesos.

Ouvrir la bouche – À pied – Chair de poule – La peau sur les os – Bras dessus, bras dessous – Être sur les nerfs – À poings fermés – Les bras croisés

5 Apprenez en lisant

Servez-vous du contexte pour déduire le sens des mots soulignés.

1. Llevaba una camiseta tan corta que se le veía el ombligo 2. Tiene ojos hermosos y largas pestañas 3. Desde la explosión tiene el tímpano perforado

CHARLANDO
– Sí, hombre ¿ Cómo no vas a saber quién es Cecilia ?
– ¿ Cecilia Duarte ?
– Sí, es una chica morena, de pelo largo y rizado, de ojos verdes …
– ¿ Con un lunar en la mejilla ?
– Eso.
– ¡ Claro que fue compañera de instituto !

¡ OJO !

Se me empañaban los ojos de lágrimas.
Mes yeux se couvraient de larmes.

Le flojean las piernas.
Il a les jambes qui flageolent.

¡ OJO !

Las ojeras : les cernes
Las orejas : les oreilles

NATURALEZA

LA GENTE

LA VIDA EN LA CIUDAD

SOCIEDAD

ECONOMÍA

CIENCIAS

UNAS CUANTAS NOCIONES

El aspecto físico

Ser más fuerte que un roble.

▰▰ Noms

▶ el nene, el crío	*le bébé*
el niño ; el chico, el chaval	*l'enfant ; le garçon*
el adulto	*l'adulte*
un cuarentón	*un quadragénaire*
los viejos ; el anciano	*les personnes âgées ; la vieille personne, le vieux*
▶ la talla, la estatura	*la taille*
el peso	*le poids*
las arrugas	*les rides*
el grano	*le bouton*
el bigote ; las canas	*la moustache ; les cheveux blancs*
el pelo, los cabellos	*les cheveux*
los pelos ; el vello	*les poils ; le duvet*
el rizo, el bucle	*la boucle*
el mechón, la mecha	*la mèche*
la peluca	*la perruque*
▶ los cuidados del cuerpo	*les soins corporels*
el cepillo de dientes	*la brosse à dents*
el dentífrico	*la pâte dentifrice*
el jabón	*le savon*
el champú	*le shampooing*
el suavizante	*l'après-shampooing*
la maquinilla	*le rasoir*
la toalla	*la serviette*
la limpieza de cutis	*les soins du visage*
el maquillaje	*le maquillage*
el carmín de los labios	*le rouge à lèvres*

▰▰ Adjectifs

veinteañero	*de vingt ans*
adolescente	*adolescent*
viejo, añoso, de edad	*vieux, âgé*
esbelto	*svelte*
desgarbado	*dégingandé*
hermoso, guapo	*beau*
bonito, mono,	*joli, mignon,*
lindo (am.) ; feo	*adorable ; laid*
bien hecho	*bien bâti*
minusválido	*handicapé*
pequeño	*petit*
alto, grande	*grand*
rechoncho ; gordo	*trapu ; gros*
delgado ; flaco	*mince ; maigre*
muy pintada, maquillada	*très maquillée*
peludo ; calvo	*poilu ; chauve*
de pelo largo	*aux cheveux longs*
moreno ; rubio	*brun ; blond*
canoso	*grisonnant*
con la cabeza descubierta	*nu-tête*

▰▰ Verbes et expressions

cumplir años	*avoir un an de plus*
cumplir 20 años	*avoir, fêter ses 20 ans*
tener unos 20 años	*avoir une vingtaine d'années*
crecer ; envejecer	*grandir ; vieillir*
adelgazar ; engordar	*maigrir, mincir ; grossir*
estar moreno, bronceado, tostado	*être bronzé, hâlé*
lavarse	*se laver*
darse un baño	*prendre un bain*
tomar una ducha	*prendre une douche*
peinarse	*se peigner*
llevar, gastar barba	*porter la barbe*
afeitarse	*se raser*
cortarse el pelo	*se faire couper les cheveux*
llevar melena	*porter les cheveux longs, dénoués*
lavarse los dientes	*se laver les dents*
pintarse	*se maquiller*
maquillarse, empolvarse	*se farder, se poudrer*
no aparenta su edad	*il ne fait pas son âge*
de mediana edad	*entre deux âges*
conservar la línea	*garder la ligne*

EXERCICES

1 Équivalent

Traduisez les mots suivants, proches du français.
1. la barba 2. un hombre 3. la cicatriz 4. los cosméticos 5. cincuentón 6. sesentón 7. setentón 8. juvenil 9. viejo 10. joven 11. los productos de belleza 12. la silueta 13. la obesidad 14. el desmaquillador 15. horrible 16. bello 17. la corpulencia 18. los michelines 19. gigante 20. la calvicie

2 Déduction (1)

Trouvez dans la liste B l'équivalent français des vocables et expressions proposés dans la liste A.

A
1. La máquina de afeitar 2. Entrado en años 3. Envejecer de golpe 4. Aparentar más edad 5. Metido en carnes 6. Engordar tres kilos 7. Tener muy buen cuerpo 8. Salirle a alguien canas 9. Los achaques de la vejez

B
(a) Bien en chair (b) Prendre un coup de vieux (c) Le rasoir électrique (d) Avoir des cheveux blancs (e) Grossir de trois kilos (f) Faire plus vieux que son âge (g) D'un âge avancé (h) Être très bien fait (i) Les infirmités de l'âge

3 Synonyme

Trouvez un terme ou une expression de sens voisin.
1. los ancianos 2. un bebé 3. la senectud 4. envejecer 5. la barra de labios 6. aumentar de peso 7. No da de la edad que tiene 8. el tirabuzón 9. la crema dental 10. bañarse 11. ducharse 12. el muchacho

4 Antonyme

Trouvez un terme ou une expression de sens opposé.
1. ágil 2. ser mayor de edad 3. joven 4. rubio 5. la cabellera clara 6. garboso 7. conservar la línea

5 Déduction (2)

Trouvez dans la liste B l'équivalent français des expressions proposées dans la liste A.

A
1. ¿ Qué número gastas ? 2. ¿ Cuánto pesas ? 3. Es una mujer garbosa 4. ¿ Cuánto mides ? 5. Le cuesta estar a régimen 6. Teñirse el pelo 7. Dejarse crecer el pelo 8. Está delgaducho 9. Un niño mofletudo 10. Retocar el peinado 11. Ser pelirrojo 12. ¿ Qué tiempo tiene este niño ?

B
(a) Se laisser pousser les cheveux b) Quelle est ta pointure ? (c) Donner un coup de peigne (d) Combien mesures-tu ? (e) Être roux (f) Il est maigrichon (g) Combien pèses-tu ? (h) C'est une femme élégante, gracieuse (i) Un enfant joufflu (j) Se teindre les cheveux (k) Il a du mal à faire un régime (l) Quel âge a cet enfant ?

> ¡ OJO !
>
> ¡ Vaya niño tan salado !
> ¡ Qué mono es este niño !

¡HOLA GORDA! ¡TIENES QUE ADELGAZAR!

EL ASPECTO FÍSICO.

NATURALEZA
LA GENTE
LA VIDA EN LA CIUDAD
SOCIEDAD
ECONOMÍA
CIENCIAS
UNAS CUANTAS NOCIONES

La condición física y la actividad

Sacar fuerzas de flaqueza.

▰▰ Noms

▶ la fuerza — *la force*
la resistencia — *la résistance*
la condición física — *la condition physique*
la debilidad — *la faiblesse*
los minusválidos — *les handicapés*
el impedido físico — *l'handicapé physique*

▶ el ademán — *le geste*
la destreza — *l'adresse*
la torpeza — *la maladresse*
el paso — *le pas*
la zancada — *l'enjambée*

▶ el cansancio — *la fatigue*
el bostezo — *le bâillement*
el descanso — *le repos*
el sueño — *le sommeil*

▰▰ Adjectifs

fuerte — *fort*
sólido, resistente — *solide, résistant*
enérgico — *énergique*
vivo — *vif*
rápido — *rapide*
sofocado — *essoufflé*
(la mano) diestra — *(la main) droite*
(la mano) zurda — *(la main) gauche*
ágil — *souple*
diestro — *adroit*
débil, flojo — *faible*
lento — *lent*
torpe — *maladroit, gauche*
lleno de agujetas — *courbatu*
miope — *myope*
en gran forma — *en pleine forme*
cansado — *fatigué*
agotado — *épuisé*
soñoliento — *somnolent*

▰▰ Verbes et expressions

correr — *courir*
darse prisa, correr — *se dépêcher*

estar de pie — *être debout*
estar, permanecer inmóvil — *être, se tenir immobile*
andar, caminar — *marcher*
sentarse — *s'asseoir*
incorporarse en la cama — *s'asseoir sur son lit*
ponerse en cuclillas — *s'accroupir*
ponerse de rodillas — *se mettre à genoux*
volverse — *se retourner (pour regarder)*
bajar, agachar la cabeza — *baisser la tête*
saltar — *sauter*
temblar — *trembler*
cojear — *boiter*
titubear — *tituber*
tropezar, dar un traspié — *trébucher*
resbalar — *glisser*
perder el equilibrio — *perdre l'équilibre*
caer — *tomber*
levantarse, ponerse de pie — *se relever*
erguirse, enderezarse — *se redresser*
acudir — *accourir ; venir, arriver*
descansar — *se reposer*
tener sueño — *avoir sommeil*
adormecerse, adormilarse — *s'assoupir*
dormirse — *s'endormir*
despertarse — *se réveiller*
espabilarse — *se réveiller complètement*
parpadear, pestañear — *cligner des yeux*
bostezar — *bâiller*
trasnochar — *se coucher tard*
acostarse — *se coucher*
levantarse — *se lever*

20

EXERCICES

◼1 Antonyme

Donnez un terme de sens opposé.
1. torpe 2. débil 3. en gran forma 4. lento
5. levantarse 6. dormirse 7. estar tumbado 8. moverse 9. caer 10. espabilarse

◼2 Déduction

Trouvez dans la liste B les équivalents français des expressions ou phrases de la liste A.

A
1. Correr como un descosido 2. ¡ Vámonos ! 3. Rondaba la calle, impaciente
4. Vuelvo rápido 5. ¡ Daos prisa !
6. Siempre anda corriendo 7. ¡ Adelante !
8. Solía levantarse pronto 9. Andaban a pasos agigantados 10. ¡ Ya voy !

B
(a) En avant ! (b) Ils marchaient à pas de géant (c) Il (Elle) est toujours pressé(e)
(d) Allons-nous-en ! (e) J'arrive/J'y vais !
(f) Courir comme un dératé (g) Habituellement, il se levait de bon matin (h) Il faisait les cent pas, impatiemment (i) Je reviens dans un instant (j) Dépêchez-vous !

◼3 Expression

Trouvez la traduction des phrases ou expressions suivantes :

1. Faire de grandes enjambées
2. Sauter à pieds joints
3. Marcher à grands pas
4. Ne pas pouvoir s'endormir
5. Tomber par terre
6. D'une enjambée
7. Tomber de sommeil
8. Le pied lui a glissé
9. Avoir le sens de l'équilibre

(a) Ha dado un resbalón
(b) Caer al suelo
(c) Saltar a pie juntillas
(d) En un salto
(e) Tener sentido del equilibrio
(f) Andar con pasos largos
(g) Tomar aliento
(h) No poder conciliar el sueño
(i) Dar grandes zancadas

10. Reprendre haleine, son souffle.
(j) Caerse de sueño

◼4 Apprenez en lisant

Trouvez le sens des mots ou expressions soulignés.
Para no caerse ni resbalarse hay que agarrarse a la barandilla y no soltarla porque la escalera de caracol es muy estrecha.

CHARLANDO
– ¿ Estás listo (prêt) para la carrera de 20 kilómetros del domingo que viene ?
– Bueno, pues, llevo dos meses entrenándome pero no me encuentro en gran forma.
– Es verdad, te veo más cansado que el año pasado, pero ... confío en ti. Así que, ¡ suerte !

¡ OJO !
el sueño = le sommeil
el sueño = le rêve, le songe

Sopa de letras :
Busca en esta sopa de letras cuatro adjetivos que califiquen un estado o un rasgo físico.

T	R	A	G	I	C	T
B	A	L	E	N	T	O
A	R	D	U	A	D	R
I	L	O	I	A	O	P
R	I	S	S	A	T	E
C	G	N	A	D	I	L
M	A	R	I	N	A	L
C	I	N	Z	U	I	T

NATURALEZA

LA GENTE

LA VIDA EN LA CIUDAD

SOCIEDAD

ECONOMÍA

CIENCIAS

UNAS CUANTAS NOCIONES

La salud

> Es peor el remedio que la enfermedad.

▬ Noms

► el bienestar	*le bien-être*
la enfermedad	*la maladie*
la enfermedad contagiosa	*la maladie contagieuse*
el dolor de cabeza	*le mal de tête*
un diente picado	*une dent gâtée*
el esguince	*l'entorse*
la quemadura	*la brûlure*
el chichón ; el cardenal	*la bosse ; le bleu*
la herida	*la blessure*
el dolor	*la douleur*
el reúma	*le rhumatisme*
la epidemia	*l'épidémie*
el constipado, el catarro	*le rhume*
► el hospital	*l'hôpital*
la clínica, el sanatorio	*la clinique*
la farmacia	*la pharmacie*
el manicomio	*l'hôpital psychiatrique*
el doctor, el médico	*le docteur, le médecin*
el cirujano	*le chirurgien*
la enfermera	*l'infirmière*
la consulta, el consultorio	*le cabinet médical*
el reconocimiento médico	*l'examen médical*
la receta	*l'ordonnance*
los medicamentos, las medicinas	*les médicaments*
el sedante	*le calmant*
la pastilla, la tableta	*le cachet, le comprimé*
el jarabe	*le sirop*
el análisis de sangre	*l'analyse de sang*
la jeringuilla	*la seringue*
la dentadura postiza	*le dentier*
la tirita	*le pansement*
la cirugía	*la chirurgie*
el quirófano	*le bloc opératoire*
la donación de órganos	*le don d'organes*
► el control de la natalidad, la regulación de nacimientos	*le contrôle des naissances*
el preservativo	*le préservatif*
el anticonceptivo	*le contraceptif*
el parto	*l'accouchement*

▬ Adjectifs

sano	*sain*
enfermo, malo	*malade*
benigno, leve ; grave	*bénin, léger ; grave*
hinchado	*enflé*
calenturiento, febril	*fiévreux*
doloroso	*douloureux*
estreñido	*constipé*
curado	*guéri*

▬ Verbes et expressions

andar, estar bien ; mal de salud	*être en bonne ; en mauvaise santé*
desmayarse	*s'évanouir*
dolerle a alguien algo	*avoir mal à*
hacer daño	*faire mal*
estornudar ; toser	*éternuer ; tousser*
fracturarse, romperse un brazo	*se casser un bras*
hinchar	*enfler*
sanar, curarse	*guérir*
reponerse, recuperarse	*se rétablir*
vivir ; morir	*vivre ; mourir*
auscultar	*ausculter*
curar a, asistir a	*soigner qqn.*
cicatrizar(se)	*se cicatriser*
tomar la píldora	*prendre la pilule*
estar a régimen	*faire un régime*
cuidar la línea	*faire attention à sa ligne*

EXERCICES

1 Équivalent (1)

Trouvez le sens des mots suivants, proches du français :
1. los síntomas **2.** el diagnóstico **3.** el pronóstico leve/grave/reservado **4.** el tratamiento **5.** la faringitis **6.** la otitis **7.** la bronquitis **8.** la apendicitis **9.** la meningitis **10.** la incubación **11.** la angina **12.** el asma **13.** la hemorragia **14.** el virus **15.** la tuberculosis **16.** el infarto **17.** la fractura **18.** el cáncer **19.** el tumor **20.** el pediatra **21.** el cardiólogo **22.** el ginecólogo **23.** el dentista **24.** la caries **25.** el sida **26.** el tétanos **27.** una inyección intramuscular **28.** una inyección intravenosa **29.** la diarrea **30.** la alergia **31.** la tos **32.** la gripe **33.** abortar

2 Composition

Trouvez le mot composé espagnol correspondant à chacun des dix mots français en associant un élément de la série A à un élément de la série B.
1. Une crise d'appendicite **2.** Le mal de gorge **3.** Le malade en phase terminale **4.** Une intoxication alimentaire **5.** Les troubles digestifs **6.** L'hernie discale **7.** La crise cardiaque **8.** Les soins dentaires **9.** Le bilan de santé annuel **10.** L'examen médical

A
1. Una crisis **2.** Un chequeo médico **3.** El dolor **4.** El ataque **5.** Una hernia **6.** Las curas **7.** El enfermo **8.** Los trastornos **9.** El reconocimiento **10.** La intoxicación

B
(a) terminal **(b)** digestivos **(c)** discal **(d)** dentales **(e)** alimentaria **(f)** médico **(g)** de apendicitis **(h)** de garganta **(i)** cardiaco **(j)** anual

3 Équivalent (2)

En vous aidant de la liste B, trouvez les équivalents des expressions ou phrases de la liste A.

A
1. Padece dolores de estómago **2.** No se ha cogido ningún resfriado en todo el invierno **3.** Me duelen los pies **4.** Tome usted una pastilla tres veces al día antes de cada comida **5.** Está con más de 40 de fiebre **6.** Ir al médico **7.** No me recetó antibióticos **8.** Sangra por la nariz **9.** Estoy con gripe **10.** Mejorarse **11.** Pasar consulta de 9 a 12 de la mañana

B
(a) Aller chez le médecin **(b)** J'ai mal aux pieds **(c)** Il a plus de 40 de fièvre **(d)** Il ne m'a pas prescrit d'antibiotiques **(e)** Saigner du nez **(f)** Il souffre de douleurs à l'estomac **(g)** Prenez un cachet, trois fois par jour, avant chaque repas **(h)** Il n'a attrapé aucun rhume de tout l'hiver **(i)** Recevoir le matin de 9 h à 12 h **(j)** J'ai la grippe **(k)** Aller mieux

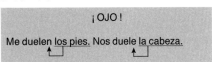

¡ OJO !

Me duelen los pies. Nos duele la cabeza.

LA SALUD

NATURALEZA
LA GENTE
LA VIDA EN LA CIUDAD
SOCIEDAD
ECONOMÍA
CIENCIAS
UNAS CUANTAS NOCIONES

¡ Que aproveche !

A buen hambre no hay pan duro.

▬ Noms

► la comida, el alimento	la nourriture
los productos alimenticios	les denrées alimentaires
la alimentación	l'alimentation
los congelados	les surgelés
la lata	la boîte de conserve
las conservas	les conserves
los platos precocinados	les plats cuisinés
la comilona	le gueuleton
► la comida	le repas
el desayuno	le petit déjeuner
el almuerzo	le déjeuner
la merienda	le goûter
la cena	le dîner, le souper
el piscolabis	la collation
el manjar	le mets
el entremés	le hors-d'œuvre
el plato principal	le plat principal
el plato fuerte	le plat de résistance
el postre	le dessert
una delicia	un régal

▬ Adjectifs

el alimento energético	énergétique
liquído	liquide
sólido	solide
alimenticio	nourrissant
de mucho alimento	très nourrissant
nutritivo	nutritif
(alimentación) equilibrada	équilibrée
dietético	diététique
comilón, glotón	glouton
goloso	gourmand
tragón	goinfre
bulímico	boulimique
tierno ; duro	tendre ; dur
rico ; pobre en calorías	riche ; pauvre en calories
jugoso	juteux

pesado	lourd
ligero	léger
digestivo	digestif
sano	sain
fresco, reciente (pain)	frais
maduro	mûr
podrido ; pocho	pourri ; blet
amargo	amer
picante	piquant

▬ Verbes et expressions

comer	manger
beber	boire
alimentarse	se nourrir, s'alimenter
alimentarse de, con	se nourrir de
ayunar	jeûner
darse un atracón	se gaver
desayunar	prendre le petit déjeuner
almorzar	déjeuner
merendar	goûter
cenar	dîner, souper
tener apetito	avoir de l'appétit
tener hambre ; sed	avoir faim ; soif
pasar, sentir hambre	souffrir de la faim
estar a régimen	faire un régime
tener buen paladar	être un fin gourmet
servir la cena	servir à dîner
servir el queso	servir le fromage
saborear, paladear	savourer, déguster
probar, catar	goûter
catar (vin)	déguster
tragar	avaler
hincharse (de comer)	s'empiffrer
¡ qué rico !	que c'est bon !
repetir de	reprendre de qqch.
brindar	trinquer
darse a la bebida	s'adonner à la boisson
tener mala bebida	avoir le vin mauvais
tapear	manger des amuse-gueule

EXERCICES

1 Expression

Retrouvez cinq expressions, à partir des deux listes.

1. Sin comerlo
2. No hay que decir
3. ¡ Con pan
4. Donde comen dos,
5. Comer

(a) se lo coma !
(b) ni beberlo
(c) de esa agua no beberé
(d) hasta hartarse
(e) comen tres

2 Déduction

Trouvez dans la seconde liste, la traduction qui convient.

1. Beber a sorbos
2. Beber de un trago
3. Comer a dos carrillos
4. Comer como un pajarito
5. Comer sin ganas
6. Está para comérselo

(a) Manger comme quatre (b) Manger du bout des dents (c) Avoir un appétit d'oiseau (d) On en mangerait (e) Boire d'un trait (f) Boire à petites gorgées`

3 Construction

Trouvez le mot grammatical manquant.
1. Estaba todo tan rico que quiso probar ... todo. 2. Bebimos ... la salud de Pedro. 3. ... desayuno, pidió café. 4. Le encantan las gambas ... la plancha. 5. ¿ Quieres un café ... leche o un café solo ? 6. Hay que untar el molde ... mantequilla. 7. Rehogar (faire revenir) la cebolla picada ... aceite.

(a) a ; (b) de ; (c) a ; (d) con ; (e) de ; (f) en ; (g) con

4 Famille de mots (1)

Classez les expressions suivantes servant à qualifier la nourriture de manière positive (a) ou négative (b).
1. desabrido 2. exquisito 3. sabroso 4. fatal 5. a punto 6. riquísimo 7. apetitoso 8. está para chuparse los dedos

9. insípido 10. soso 11. aguado 12. hacerse la boca agua 13. horrible 14. desaborido 15. delicioso 16. asqueroso 17. opíparo 18. excelente 19. bueno 20. salado

5 Famille de mots (2)

Classez les mots suivants dans ces quatre catégories :
(a) entrada (b) plato principal (c) postre (d) bebida

1. Flan de huevo 2. Sopa de espárragos 3. Cerveza 4. Pollo a la pepitoria 5. Helado de vainilla 6. Natillas 7. Chuletas de cordero 8. Trucha 9. Vino 10. Pescado a la milanesa 11. Besugo al horno 12. Cocido 13. Ensaladilla 14. Huevos a la aurora 15. Lengua estofada 16. Sangría 17. Dulce de leche 18. Besugo en escabeche

MENU DEL DÍA

Hojaldre de jamón
o Ensaladilla rusa

Raya al azafrán
o Paella

Fruta
o Trufas de canela

Pan y vino

Precio : 8 €.

¡ OJO !

Beber<u>se</u> un vaso de leche por las mañanas.

Tomar<u>se</u> un chocolate con churros.

<u>Se</u> comió el bocadillo en un periquete.

Llamar al pan pan y al vino vino.

Pasar más hambre que un maestro de escuela.

NATURALEZA
LA GENTE
LA VIDA EN LA CIUDAD
SOCIEDAD
ECONOMÍA
CIENCIAS
UNAS CUANTAS NOCIONES

La comida

Vivir con pan y cebolla.

▬ Noms

▶ la carne	*la viande*
el cordero	*l'agneau*
el asado	*le rôti, la grillade*
la tajada (viande),	*la tranche*
la loncha (jambon)	
la chuleta	*la côtelette*
el solomillo	*le faux-filet*
el jamón (serrano)	*le jambon (de pays)*
el salchichón	*le saucisson*
el pescado	*le poisson*
las pastas	*les pâtes*
el huevo pasado por	*l'œuf à la coque*
agua	
▶ las verduras	*les légumes verts*
las patatas	*les pommes de terre*
el puré (de patata)	*la purée*
las patatas fritas	*les frites*
la ensalada	*la salade*
los guisantes	*les petits pois*
los garbanzos	*les pois chiches*
las judías verdes	*les haricots verts*
la coliflor	*le chou-fleur*
las espinacas	*les épinards*
la alcachofa	*l'artichaut*
el espárrago	*l'asperge*
▶ la sal	*le sel*
la pimienta	*le poivre*
el pimentón	*le piment rouge moulu*
las especias	*les épices*
los condimentos	*les condiments*
▶ la leche	*le lait*
la nata	*la crème*
la mantequilla	*le beurre*
el queso	*le fromage*
▶ el pan, la barra	*le pain, la baguette*
la miga	*la mie*
la harina	*la farine*
la masa	*la pâte*
el pan de molde	*le pain de mie*

el pedazo de pan	*le morceau de pain*
la tarta	*la tarte*
los pasteles	*les gâteaux*
la mermelada	*la confiture*
la miel	*le miel*
los dulces	*les sucreries*
▶ el agua (del grifo)	*l'eau (du robinet)*
el agua sin gas	*l'eau plate*
el agua con gas	*l'eau gazeuse*
el zumo de fruta	*le jus de fruit*
la sidra	*le cidre*
el champán	*le champagne*
la sangría	*la sangria*
los vinos finos	*les grands crus*
la ronda	*la tournée*
el libro de cocina	*le livre de cuisine*
la receta	*la recette*
los ingredientes	*les ingrédients*

▬ Adjectifs

muy hecho	*bien cuit*
en su punto	*à point*
poco hecho	*saignant*
crudo	*cru*
dulce, azucarado	*sucré*
picante	*épicé*
soso	*fade*
espumoso	*pétillant*

▬ Verbes

guisar, cocinar	*cuisiner*
echar, poner sal	*saler*
salpimentar	*assaisonner*
aliñar	*faire la vinaigrette*
sazonar, condimentar	*épicer*
pelar	*peler*
cortar en lonchas	*émincer*
empanar	*paner*
untar con mantequilla	*beurrer*
congelar	*congeler*
descongelar	*décongeler*

EXERCICES

◼1 Équivalent (1)

Trouvez l'équivalent de ces spécialités espagnoles.

1. las tapas   **(a)** l'omelette
2. la morcilla   **(b)** le nougat
3. la horchata de chufa   **(c)** les amuse-gueule
4. el turrón   **(d)** une boisson rafraî-chissante (à base d'orgeat)
5. la tortilla   **(e)** une boisson rafraî-chissante (à base de glace pilée et de citron)
6. el chorizo   **(f)** des beignets
7. las pipas   **(g)** le boudin
8. el gazpacho   **(h)** un saucisson au piment
9. la empanadilla   **(i)** une soupe froide
10. el granizado de limón   **(j)** un gâteau aux amandes
11. churros   **(k)** des graines salées
12. el mazapán   **(l)** le friand

◼2 Équivalent (2)

Trouvez l'équivalent de ces spécialités d'Amérique latine.

1. los frijoles   **(a)** l'alcool de maguey
2. las papas   **(b)** la purée froide d'oignons et d'avocat
3. el mole   **(c)** une infusion
4. la tortilla   **(d)** la galette de maïs
5. el mate
6. el guacamole   **(e)** une sauce de cacao, d'amandes et de piments
7. el taco   **(f)** les pommes de terre
8. el pozole   **(g)** les haricots noirs
9. el tabasco   **(h)** la soupe de maïs, de viande et de choux
10. la tequila   **(i)** la galette de maïs farcie de viande
   (j) la sauce à base de chile

◼3 Famille de mots

Classez les mots suivants dans ces catégories :
(a) verduras y hortalizas **(b)** la fruta **(c)** la carne **(d)** el pescado **(e)** pan y repostería **(f)** especias y condimentos **(g)** bebidas

1. la lechuga 2. el albaricoque 3. la cer-veza (la bière) 4. el cerdo (le porc) 5. las espinacas 6. los tomates 7. el bocadillo 8. el bizcocho 9. las judías (les haricots) 10. el cabrito (le chevreau) 11. la cereza 12. el salmón 13. el laurel 14. la fram-buesa 15. el filete de ternera (l'escalope de veau) 16. la cebolla (l'oignon) 17. el azafrán 18. el calamar 19. el romero (le romarin) 20. el melón 21. el roscón de reyes (la galette des Rois) 22. la sandía (la pastèque) 23. el vinagre 24. la mos-taza 25. el plátano (la banane) 26. la mayonesa 27. el puerro (le poireau) 28. la pera 29. la gaseosa (la limonade) 30. el kiwi 31. el buñuelo (le beignet) 32. la merluza (le lieu) 33. el lenguado (la sole) 34. la Coca-Cola 35. la piña (l'ananas) 36. el pomelo (le pamplemousse) 37. el aceite (l'huile) 38. la albóndiga (la bou-lette de viande) 39. la uva (le raisin) 40. el melocotón (la pêche) 41. el batido (le milk-shake) 42. la sardina 43. las lente-jas 44. la nuez moscada 45. el bacalao (la morue) 46. la fresa 47. los pinchos morunos (les brochettes de viande) 48. la ciruela (la prune)

◼4 Origine

Parmi les animaux et les produits sui-vants, quels sont ceux qui viennent d'Amérique et quels sont ceux que les Européens y apportèrent ?
1. el café 2. la patata (la papa) 3. el tomate 4. el caballo 5. el chocolate 6. el té 7. el maíz 8. el trigo 9. el aguacate (l'avocat) 10. el tabaco 11. la papaya

(a) productos de América   **(b)** productos traídos por los europeos

NATURALEZA
LA GENTE
LA VIDA EN LA CIUDAD
SOCIEDAD
ECONOMÍA
CIENCIAS
UNAS CUANTAS NOCIONES

La ropa

> El hábito no hace al monje.

▬ Noms

▶ la ropa, las prendas	les vêtements
el traje, el vestido	le vêtement
el tejido	le tissu
la modista	la couturière
el sastre	le tailleur
la costura	la couture
el botón	le bouton
el ojal	la boutonnière
la manga	la manche
el cuello	le col
la solapa	le revers
el dobladillo	l'ourlet
el bolsillo	la poche
la cremallera	la fermeture éclair
▶ la moda	la mode
la alta costura	la haute couture
la modelo, la maniquí	le mannequin
el desfile, el pase de modelos	le défilé de mode
▶ la mancha	la tache
el agujero, el roto	le trou
el remiendo, la pieza	la pièce
la lavandería	la blanchisserie
la tintorería	la teinturerie, le teinturier
la limpieza en seco	le nettoyage à sec
la percha	le cintre

▬ Adjectifs

▶ estampado	imprimé
liso	uni
ceñido	collant, serré
ancho	large, ample
distinguido, elegante	élégant, chic
escotado	décolleté
desnudo	nu, dénudé
descalzo	pieds nus
▶ limpio	propre
sucio	sale
chafado, arrugado	froissé
cómodo	confortable
gastado (tacón)	usé, éculé
andrajoso	en haillons

▬ Verbes et expressions

▶ de listas	à rayures
de lunares	à pois
de cuadros	à carreaux
(tela) estampada con flores	(tissu) à fleurs
estar de moda	être à la mode
llevarse, estilarse	se porter
pasado de moda	démodé
ir vestido con	être vêtu de
sentar bien, favorecer, caer bien, quedar bien, ir bien	aller bien, être seyant
llevar	porter
vestirse	s'habiller, se vêtir
ataviarse con, de	se parer de
desnudarse, desvestirse	se déshabiller
ponerse la ropa	enfiler, mettre un vêtement
quitarse la ropa	ôter un vêtement
vestir de negro	s'habiller en noir
el color negro viste mucho	le noir fait très habillé
abrigarse	s'habiller chaudement
▶ lavar a mano	laver à la main
tender	étendre
secar	sécher
planchar	repasser
doblar	plier
colgar	pendre
zurcir	repriser, raccommoder

28

EXERCICES

1 Antonyme

Trouvez les mots de sens opposé.
1. (estar algo) de moda 2. ancho 3. sucio
4. arrugado 5. abrochar algo 6. lavar a máquina

2 Équivalent (1)

Étudiez la liste suivante de vêtements et trouvez le sens des mots soulignés.
Ropa de caballero
(a) los calzoncillos (le slip, le caleçon)
(b) la camiseta **(c)** los calcetines **(d)** la camisa **(e)** el pantalón **(f)** el traje, el terno (le costume) **(g)** la corbata **(h)** el pijama **(i)** las botas

Ropa de señora
(a) las bragas **(b)** el sujetador, el sostén (le soutien-gorge) **(c)** las medias (les bas), el leotardo (le collant) **(d)** la blusa (le chemisier) **(e)** la falda **(f)** el traje de chaqueta, el traje sastre **(g)** el pañuelo (le foulard) **(h)** el camisón **(i)** zapatos de tacón

3 Famille de mots

Classez les mots ci-dessous dans les catégories suivantes :
(a) ropa de trabajo (vêtements de travail)
(b) ropa de señora (vêtements féminins)
(c) ropa de caballero (vêtements d'homme)
(d) zapatos (chaussures)
(e) joyas (bijoux)
(f) accesorios (accessoires)

1. las zapatillas (les pantoufles) 2. el delantal (le tablier) 3. el vestido (la robe) 4. la corbata de pajarita (le nœud papillon) 5. el collar (le collier) 6. el mono (la salopette) 7. el sombrero (le chapeau) 8. la pulsera (le bracelet) 9. el borceguí (le brodequin) 10. el bolso (le sac à main) 11. el monedero (le porte-monnaie) 12. la americana (le veston) 13. el anillo, la sortija (la bague) 14. la falda pantalón (la jupe-culotte) 15. el paraguas (le parapluie) 16. el cinturón (la ceinture) 17. los pendientes (les boucles-d'oreilles) 18. el traje, el vestido de noche (la robe du soir)

4 Apprenez en lisant

Déduisez le sens des mots soulignés à l'aide du contexte.
1. Se estrecharon la mano sin quitarse los guantes
2. Está tan resfriada que lleva en el bolso tres o cuatro pañuelos
3. Como le gusta estar cómodo, prefiere llevar vaqueros y no pantalones de tergal
4. Vestía de seda negra
5. Se compró un chandal para hacer deporte cada domingo
6. Hace mucho frío, abrígate bien
7. En verano, le gusta llevar vestidos con la espalda al aire
8. Para que no se le cayeran los pantalones llevaba tirantes
9. No sabía qué bañador ponerse para ir a la piscina.

5 Équivalent (2)

Trouvez un terme ou une expression de sens voisin.
1. las prendas
2. arrugado
3. te sienta este vestido de maravilla

Américanismes :
las polleras = la falda
la chompa = el jersey ; la camiseta

¡ OJO !
Ponte las botas.
Quitaos el abrigo.
Ponerse el sombrero.
No quiso quitarse los guantes.

NATURALEZA

LA GENTE

LA VIDA EN LA CIUDAD

SOCIEDAD

ECONOMÍA

CIENCIAS

UNAS CUANTAS NOCIONES

Los cinco sentidos

No hay peor sordo que el que no quiere oír.

▰▰▰ Noms

▶ la vista	*la vue*
las gafas, las lentes	*les lunettes*
las lentillas, las lentes de contacto	*les verres de contact, les lentilles*
los ciegos	*les aveugles*
la ceguera	*la cécité*
▶ el oído	*l'ouïe*
el ruido	*le bruit*
el sonido	*le son*
los sordos	*les sourds*
la sordera	*la surdité*
las voces	*les cris*
▶ el olfato	*l'odorat*
el olor	*l'odeur*
el perfume, la fragancia	*le parfum, la fragrance*
▶ el gusto	*le goût*
el aroma	*l'arôme*
▶ el tacto	*le toucher*

▰▰▰ Adjectifs

miope	*myope*
tuerto	*borgne*
ciego	*aveugle*
invisible	*invisible*
sordo	*sourd*
ser duro de oído	*être dur d'oreille*
silencioso	*silencieux*
ruidoso	*bruyant*
agudo	*aigu*
penetrante	*perçant*
sordo	*sourd (bruit)*
tenue	*faible, ténu*
estrepitoso	*retentissant*
ensordecedor	*assourdissant*
perfumado	*parfumé*
fragante	*fragrant*

maloliente	*malodorant*
apestoso	*puant*
amargo	*amer*
agrio	*aigre*
sabroso	*savoureux*
soso	*fade*
insípido	*insipide*
rugoso	*rugueux*
liso	*lisse*
suave	*doux*
áspero	*rêche*
duro	*dur*
pegajoso	*collant*

▰▰▰ Verbes et expressions

ver	*voir*
mirar	*regarder*
divisar	*apercevoir*
atisbar	*guetter*
distinguir	*distinguer*
echar un vistazo	*jeter un coup d'œil*
contemplar	*contempler*
vislumbrar	*entrevoir*
mirar de hito en hito	*regarder fixement*
mirar de reojo	*regarder à la dérobée*
aparecer	*apparaître*
oír	*entendre*
escuchar	*écouter*
en voz baja	*à voix basse*
en voz alta	*à voix haute*
hacer ruido	*faire du bruit*
oler a	*sentir*
oler bien ; mal	*sentir bon ; mauvais*
apestar	*puer, empester*
probar, catar	*goûter, déguster*
tocar	*toucher*
palpar	*palper*
acariciar	*caresser*

EXERCICES

1 Déduction

Trouvez le sens des mots, expressions ou proverbes soulignés en fonction du contexte.
1. Como apenas se veía, andábamos <u>a ciegas</u>. 2. <u>En tierra de ciegos el tuerto es rey</u>. 3. Es un lugar peligroso, hay que <u>andar con cien ojos</u>. 4. Nos miró <u>de hito en hito</u>. 5. Dimitió <u>a la vista de las dificul-tades</u>.

(a) au royaume des aveugles les borgnes sont rois **(b)** étant donné les difficultés **(c)** à l'aveuglette **(d)** regarder où on met les pieds **(e)** dans le blanc des yeux

2 Synonyme

Complétez les phrases suivantes à l'aide de la liste de verbes synonymes ou de sens voisin :

ver ; mirar ; ojear ; distinguir ; contemplar ; entrever ; fisgar ; divisar ; atisbar ; otear.
1. Pasé por allí y no (…) nada anormal
2. Nos sentamos y nos quedamos (…) aquel paisaje tan hermoso
3. Cuando habla, no (…) jamás a los ojos
4. Aquello que se (…) a lo lejos, tal vez sea el mar
5. No sé si ha venido Pedro pero yo no lo he (…)
6. Se pasa horas y horas (…) el mar
7. Va todos los días a (…) el trabajo de los albañiles
8. ¿ Por qué no (…) en el cajón, a ver si está allí ?
9. Aquello que se (…) tal vez sea la ciu-dad de Ávila
10. En esta fotografía apenas se (…) si es Marta o su hermana
11. La vecina siempre está (…) lo que hacemos
12. El águila (…) el campo antes de lan-zarse sobre su presa
13. Ese hombre que no deja de pasar por aquí, nos está (…)

3 Apprenez en lisant

Complétez les phrases à l'aide des adjectifs fournis.

1. Siempre está acatarrado y tiene la voz … .
2. ¿ Qué voz tan … tiene esta niña cuando grita.
3. Al caer de golpe la rama produjo un sonido … .
4. La explosión que se oyó desde muy lejos fue un sonido … .
5. El canto del ruiseñor es muy … .
6. No se oye el ruido de la calle : es … .
7. Este hombre tiene una voz muy varo-nil, tiene una voz … .
8. A pesar de que esté la ventana ce-rrada, se oye el ruido de los coches y de las motos, es un ruido … .

(a) agudo **(b)** penetrante **(c)** impercep-tible **(d)** grave **(e)** seco **(f)** melodioso **(g)** ronco **(h)** sordo

4 Définition

Trouvez pour chaque élément de la pre-mière série sa définition dans la seconde.
Una mirada puede ser :
(a) viva **(b)** penetrante **(c)** esquiva **(d)** colérica **(e)** apagada **(f)** fulminante **(g)** iracunda **(h)** bovina **(i)** mansa **(j)** tierna **(k)** transparente **(l)** franca

1. Revela ira 2. Permite ver en quien la dirige hasta el fondo de su alma 3. Se retrae y huye 4. Revela cansancio o desaliento 5. Revela conformidad, inca-pacidad para desobedecer 6. Hiere como un rayo 7. Manifiesta verdad y no oculta nada 8. Demuestra inteligencia y activi-dad 9. Plácida, inexpresiva 10. Revela cólera 11. Manifiesta amor o compasión 12. Parece taladrar a las personas en quienes se fija

¡ OJO !
Oler   <u>H</u>uele a café por las mañanas.
¡ En esta casa <u>hue</u>le a tigre !

NATURALEZA

LA GENTE

LA VIDA EN LA CIUDAD

SOCIEDAD

ECONOMÍA

CIENCIAS

UNAS CUANTAS NOCIONES

Actividad mental

Tener ingenio
por arrobas.

■■■ Noms

▶ un genio — *un génie, une personne de génie*
el genio, el ingenio — *le génie, le talent*
el imbécil, el idiota — *l'imbécile*
el loco — *le fou*
el alienado — *l'aliéné*

▶ el conocimiento — *la connaissance*
el saber, la sabiduría — *le savoir*
la memoria — *la mémoire*
el recuerdo — *le souvenir*
la imaginación — *l'imagination*
la fantasía — *la fantaisie*

▶ el enigma — *l'énigme*
la adivinanza, el acertijo — *la devinette*
la hipótesis — *l'hypothèse*
la suposición — *la supposition*
la creencia — *la croyance*
el prejuicio — *le préjugé ; le parti pris*

■■■ Adjectifs et adverbes

inteligente — *intelligent*
instruído — *instruit*
astuto — *rusé*
perspicaz — *perspicace*
agudo — *pénétrant*
lento — *lent*
necio, bobo — *niais*
cuerdo, racional — *raisonnable*
sensato, sesudo — *sensé*
escéptico — *sceptique*
dudoso — *douteux*
simple, inocente — *naïf*
crédulo — *crédule*
privado de razón — *dénué de raison*
precavidamente — *avec prévoyance*

■■■ Verbes et expressions

concebir — *concevoir*
pretender — *prétendre*
comprender — *comprendre*
prestar atención, cuidado, oídos — *prêter attention, l'oreille*
notar — *remarquer*
llamar la atención — *attirer l'attention*
darse cuenta de que — *se rendre compte que*
razonar — *raisonner*
analizar — *analyser*
suponer — *supposer*
reflexionar, discurrir — *réfléchir*
cavilar — *méditer, réfléchir*
pensar en — *penser à, réfléchir à*
creer — *croire ; penser*
opinar — *penser, donner son opinion*
ocurrir — *venir à l'esprit*
tener la réplica viva — *avoir la répartie facile*
saber — *savoir*
convencer — *convaincre*
concluir — *conclure*
cambiar de parecer, de opinión — *changer d'avis*
ser del parecer que — *être d'avis que, de*
poner en tela de juicio — *mettre en doute*
dudar — *douter*
adivinar — *deviner*
equivocarse — *se tromper*
confundir — *confondre*
recordar algo — *se rappeler*
acordarse de algo — *se souvenir de qqch.*
caer en el olvido — *tomber dans l'oubli*
olvidar — *oublier*
soñar con — *rêver de*
volverse loco — *devenir fou*
me lo sospechaba, me lo figuraba — *je m'en doutais*

EXERCICES

1 Conversion

La liste qui suit contient des noms, des adjectifs et des verbes. Donnez une des formes qui n'est pas fournie ainsi que le sens du mot obtenu.
Ex : una pregunta (n) = *une question*
→ preguntar (v) = *poser une question*

1. la locura 2. el razonamiento 3. estu-diar 4. extraño 5. la adivinanza 6. el sueño 7. la duda 8. opinar

2 Dérivation

Trouvez les mots dont sont dérivés les mots suivants. L'abréviation entre parenthèses (n, adj., v) indique la forme à trouver.
1. la idiotez (adj.) 2. la inteligencia (adj.) 3. creer (n) 4. dudoso (n) 5. el olvido (v) 6. increíble (adj.) 7. la explicación (v) 8. la imaginación (v) 9. la locura (adj.) 10. aprendido (v) 11. imaginario (n) 12. la creación (n) 13. expresivo (v) 14. emotivo (n) 15. significar (n) 16. especializarse (n) 17. el equívoco (v) 18. la conclusión (v)

3 Équivalent

Trouvez le sens des mots suivants, proches de leur équivalent français :
1. la inteligencia 2. el humor 3. la razón 4. imaginario 5. estúpido 6. la curiosi-dad 7. la concentración 8. considerar 9. la idea 10. imaginar 11. llamar la aten-ción 12. la creatividad 13. creativo 14. descubrir 15. concentrarse 16. espe-cializarse 17. significante 18. sinónimo

4 Expression

Par déduction et élimination, retrouvez la traduction correspondant aux expres-sions suivantes :

1. Loco de atar (a) À chaque fou sa marotte
2. Cada loco con su tema (b) Se creuser la tête
3. Enterarse de algo (c) Comme chacun sait
4. Como es sabido (d) Fou à lier
5. Si mal no recuerdo (e) Chacun a ses travers et ses défauts
6. Aguzar el ingenio (f) Avoir de l'esprit jusqu'au bout des doigts
7. Tener ingenio por arrobas (g) Prendre connaissance de qqch.
8. Hombre preve-nido vale por dos (h) Un homme averti en vaut deux
9. De cuerdo y loco todos tenemos un poco (i) Si j'ai bonne mémoire

5 Synonyme

Trouvez un terme ou une expression de sens voisin.
1. tonto 2. entender 3. sensato 4. razo-nable 5. el ingenio 6. inocente 7. una adivinanza 8. acertar 9. la sabiduría 10. ¿ No recuerdas el hecho ?

¡ OJO !

El genio = el ingenio

Tener genio = tener carácter (las más de las veces es tener mal genio).

ADIVINANZA
Mi todo es un verbo
muy conocido
que al revés y al derecho
dice lo mismo.
Nueve mil letras
y serás charadista
si me lo aciertas.

NATURALEZA
LA GENTE
LA VIDA EN LA CIUDAD
SOCIEDAD
ECONOMÍA
CIENCIAS
UNAS CUANTAS NOCIONES

¿ Te gusta o no te gusta ?

Sobre gustos no hay nada escrito.

▰▰ Noms

▶ el idólatra	*l'idolâtre*
la predilección	*la préférence*
el cariño, el afecto	*l'affection*
el apego	*l'attachement*
la ternura	*la tendresse*
la pasión	*la passion*
el atractivo	*l'attrait*
los encantos	*les charmes, les attraits*
el entusiasmo	*l'enthousiasme*
el frenesí	*la frénésie*
la afición	*le goût, le penchant*
▶ el odio	*la haine*
el asco, el hastío	*le dégoût*
▶ el aburrimiento, el fastidio	*l'ennui*

▰▰ Adjectifs et adverbes

▶ pasional	*passionnel*
cariñoso, afectuoso	*affectueux*
enternecedor	*attendrissant*
adicto	*dévoué*
entusiasta	*enthousiaste*
encantado	*enchanté*
predilecto	*préféré, favori*
apasionado	*passionné*
apasionante	*passionnant*
agradable	*agréable*
emocionante	*palpitant*
▶ aborrecible	*haïssable, exécrable*
aborrecido	*abhorré, détesté*
aburrido ; fastidioso	*ennyeux*

▰▰ Verbes et expressions

▶ querer, amar	*aimer (qqn.)*
enamorarse, prendarse	*s'éprendre*
enamorarse	*tomber amoureux*
quererse	*s'aimer*

querer con locura	*aimer à la folie*
dar gusto	*faire plaisir*
gustar	*aimer bien (qqn. ou qqch.)*
gustar, agradar	*plaire à qqn.*
atraer	*attirer*
encantar	*enchanter, ravir*
arrebatar	*ravir, enthousiasmer*
embelesar, arrobar	*ravir, éblouir*
me chifla tu ...	*j'adore ton ...*
chiflarse por	*raffoler de, aimer à la folie*
volverse loco	*adorer, raffoler*
adorar	*adorer*
preferir	*préférer*
querer	*vouloir*
desear	*souhaiter, désirer*
anhelar	*désirer ardemment*
soñar con	*rêver de*
tener ganas de, darle ganas a alguien de	*avoir envie de*
tener ganas locas de	*avoir une envie folle de*
hacer algo de mala gana	*faire qqch. à contrecœur, de mauvais gré*
▶ odiar	*haïr*
detestar	*détester, avoir en horreur*
aborrecer	*abhorrer, détester*
execrar	*exécrer*
abominar	*abominer*
▶ aburrirse	*s'ennuyer*
estar harto	*en avoir marre*
impacientarse	*s'impatienter*
lamentar, sentir	*regretter*
deplorar	*déplorer*

34

1 Synonyme

Trouvez un nom ou une expression de sens voisin.
1. el apasionamiento **2.** la preferencia **3.** el cariño **4.** interesarse por

2 Dérivation

Trouvez un dérivé pour chaque mot fourni. La nature des mots à trouver est donnée au début de chaque série.

Noms :
1. gustar	**5.** entusiasmarse
2. amar	**6.** desear
3. odiar	**7.** interesarse por
4. excitarse	

Adjectifs :
1. el querer	**4.** el interés
2. la pasión	**5.** agradar
3. el afecto	**6.** apasionar

3 Équivalent

Donnez le sens des mots qui suivent en repérant les différences avec le français.

Noms :
1. la afinidad	**11.** la repulsión
2. el afecto	**12.** la revulsión
3. la devoción	**13.** la avidez
4. la adoración	**14.** la curiosidad
5. la idolatría	**15.** la insensibilidad
6. la preferencia	**16.** la apatía
7. el deseo ardiente	**17.** el ardor
8. la pasión	**18.** el rival
9. la indiferencia	**19.** el enemigo
10. la animosidad	**20.** la frustración

Adjectifs :
1. repulsivo, repelente	**5.** deseoso
2. agradable	**6.** odioso
3. popular	**7.** fascinante
4. ávido, ansioso	

Verbes :
1. preferir	**4.** atraer
2. repugnar	**5.** fascinar
3. detestar	

4 Déduction

A
Trouvez l'adjectif adéquat qui remplacerait l'expression « muy bueno ».
1. Esta comida está « muy buena »
2. Para mí, es una película « muy buena ».
3. Nos trajo un regalo « muy bueno »
4. El caballo que montaba ese campeón era « muy bueno »
5. Es un violinista como hay pocos : dio un concierto « muy bueno »

(a) espléndido **(b)** soberbio **(c)** exquisito **(d)** insuperable **(e)** excelente

B
Trouvez l'adjectif adéquat qui remplacerait l'expression « muy malo ».
1. Te aconsejo no te fíes de él, es una persona « muy mala »
2. Llevan perdiendo todos los partidos : la defensa de ese equipo es « muy mala »
3. Es una persona « muy mala », siempre dice cosas que hieren
4. Es un niño « muy malo » que maltrata a los animales
5. Me ha tocado hacer un ejercicio « muy malo »

(a) perverso(a) **(b)** maligno(a) **(c)** detestable **(d)** pésimo(a) **(e)** infame

---

¡ OJO !

A mí, me gustan las vacaciones.

A Pedro y a Luis les gusta el deporte.

A ti, no te gustan los chicles.

Nos gusta esquiar.

NATURALEZA
LA GENTE
LA VIDA EN LA CIUDAD
SOCIEDAD
ECONOMÍA
CIENCIAS
UNAS CUANTAS NOCIONES

Los sentimientos

Más vale dar envidia que lástima.

▪ Noms

▶ el sentimiento	le sentiment
la ira	la colère
la sonrisa	le sourire
la risa	le rire
el suspiro	le soupir
las lágrimas	les larmes
el llanto	les pleurs
▶ el problema	le problème
el desasosiego, la preocupación	le souci, l'inquiétude
la decepción	la déception
el miedo, el susto	la peur
la zozobra	l'angoisse, l'anxiété
el espanto, el pavor	la frayeur, l'épouvante
el dolor ; la pena	la douleur ; la peine
▶ la desesperación	le désespoir
el suspiro de alivio	le soupir de soulagement
la dicha	le bonheur
la alegría	la joie
la esperanza	l'espoir, l'espérance

▪ Adjectifs

sensible	sensible
desalmado	sans cœur
frío	froid
emotivo ; nervioso	émotif ; nerveux
conmovedor	touchant
sorprendido	surpris
asombrado	étonné
solo	seul
triste	triste
desconsolado	inconsolable
apenado	peiné
preocupado	inquiet
furioso ; enfadado	furieux ; fâché
alegre, radiante	gai, radieux
alegre	joyeux
jocoso	enjoué
contento con	content de

gracioso	drôle, spirituel
feliz	heureux
decepcionado	déçu
deprimido	déprimé
desesperado	désespéré
desdichado, desgraciado	malheureux
despavorido	épouvanté

▪ Verbes et expressions

sentir, experimentar	sentir, éprouver
sonreír	sourire
reír(se)	rire
reír(se) a carcajadas	rire aux éclats
no caber en sí de contento	ne pas se sentir de joie, être fou de joie
rebosar de alegría	déborder de joie
ponerse triste	devenir triste
llorar	pleurer
sollozar	sangloter
deshacerse en lágrimas	fondre en larmes
llorar de emoción	être ému jusqu'aux larmes
romper a llorar	s'effondrer en larmes
agobiar	accabler, abattre
conmover, emocionar	toucher, émouvoir
preocuparse por algo	se soucier de qqch., s'inquiéter
desesperarse por algo	être désespéré de qqch.
aliviar	soulager
quejarse	se plaindre
esperar	espérer
anhelar	souhaiter
tener miedo a	avoir peur de
estremecerse	frémir
temer	craindre
quedarse estupefacto	être saisi, frappé de stupéfaction

36

1 Équivalent

Trouvez l'équivalent des mots suivants, proches du français :
1. la susceptibilidad 2. la excitación 3. la tristeza 4. la aflicción 5. la duda 6. la desconfianza 7. la ilusión 8. el optimista 9. el pesimista 10. la decepción 11. el presentimiento 12. la admiración 13. la hostilidad 14. la aprensión 15. la ansiedad 16. el amor 17. la amistad 18. la sorpresa 19. la contrariedad 20. la repugnancia 21. el rencor 22. la melancolía 23. la nostalgia

2 Synonyme

Trouvez un mot ou une expression de sens voisin.
1. la cólera
2. la felicidad
3. la inquietud
4. extrañado
5. impresionable
6. la desilusión

3 Antonyme

Trouvez un mot ou une expression de sens opposé.
1. el desamor
2. insensible
3. afortunado
4. un amor correspondido
5. el odio
6. impávido

4 Expression

Retrouvez huit expressions à partir des deux listes :
1. Reírse   (a) por la desgracia
2. Partirse   (b) por la pasión
3. Ser perseguido   (c) de esperanzas
4. El que llora   (d) de risa
5. Alimentarse   (e) de pocos amigos
6. Bueno es tener   (f) a carcajadas
    amigos
7. Dejarse llevar   (g) hasta en el infierno
8. Poner cara   (h) no mama

5 Gradation

Classez les adjectifs suivants selon qu'ils expriment des sentiments agréables (a) ou des sentiments désagréables (b).
1. jubiloso 2. triste 3. desgraciado 4. feliz 5. contento 6. melancólico 7. afligido 8. alegre

6 Identification

Laquelle de ces situations illustre le dessin ?
(a) No te quedes solo (seul).
(b) ¿ Por qué estás triste ?
(c) Se ríen (reírse) a carcajadas.
(d) No llores.

LOS SENTIMIENTOS

¡ OJO !

<u>Estar</u> contento.

<u>Ser</u> feliz.

NATURALEZA
LA GENTE
LA VIDA EN LA CIUDAD
SOCIEDAD
ECONOMÍA
CIENCIAS
UNAS CUANTAS NOCIONES

Cualidades y defectos

La avaricia es la mayor de las pobrezas.

▰ Noms

▶ la cualidad	la qualité
la virtud	la vertu
la bondad	la gentillesse, la bonté
el cariño	la tendresse
la equidad ; la honradez	l'équité ; l'honnêteté
la modestia	la modestie
el pudor	la pudeur
la cortesía	la politesse
la entereza	la droiture, l'intégrité
la sencillez	la simplicité
el ardor	l'ardeur
el cuidado	le soin
la prudencia	la prudence
▶ el defecto	le défaut
la maldad	la méchanceté
la agresividad	l'agressivité
la falta de probidad, de honradez	la malhonnêteté
la grosería	la grossièreté
la terquedad, la obstinación	l'obstination, l'entêtement
el orgullo	l'orgueil
la altivez, la ufanía	la fierté
el egoísmo	l'égoïsme
la avidez	l'avidité
la gula, la glotonería	la gourmandise
la cobardía	la lâcheté
los celos, la envidia	la jalousie
la pereza, la haraganería	la paresse
el ocio, la ociosidad	l'oisiveté
la imprudencia	l'imprudence

▰ Adjectifs

bueno, amable	gentil, bon
simpático	sympathique
servicial, obsequioso	serviable, obligeant
sensato	sensé
tolerante	tolérant
manso	doux
valiente	courageux
audaz	audacieux
intrépido	intrépide
atrevido	hardi
prudente ; leal	prudent ; loyal
ingenuo	ingénu, naïf
enérgico	énergique
varonil	viril
malo, malvado	méchant, mauvais
terco, testarudo, tozudo	têtu, entêté
ufano, orgulloso	fier
altivo, altanero	hautain, altier
vanidoso	vaniteux
egoísta	égoïste
avaro, tacaño	avare
mezquino	mesquin
roñoso	radin
codicioso	avide, cupide
asustadizo	craintif
cobarde	lâche
perezoso	paresseux
ocioso, baldío	oisif
negligente, descuidado	négligent

▰ Verbes et expressions

perseverar en algo	persévérer dans qqch.
fiarse de	avoir confiance, se fier à
perdonar	pardonner
jactarse, presumir	se vanter
desafiar, retar a uno a sangre fría	défier de sang-froid
fingir	feindre
fastidiar	ennuyer
despreciar, menospreciar	mépriser
maldecir	maudire
estar celoso, tener celos	être jaloux

EXERCICES

1 Dérivation (1)

Trouvez les mots dont sont dérivés les termes suivants. La forme du mot à trouver est indiquée entre parenthèses.
1. la sencillez (adjectif)
2. el respeto (adjectif)
3. fiel (nom)
4. la sinceridad (adjectif)
5. la confianza (adjectif)
6. cobarde (nom)
7. la generosidad (adjectif)
8. la franqueza (adjectif)

2 Dérivation (2)

Trouvez les noms abstraits dérivés des adjectifs suivants. La traduction du terme à trouver figure entre parenthèses.
1. bueno (la gentillesse) 2. tierno (la tendresse) 3. amable (l'amabilité) 4. afable (l'affabilité) 5. malo (la méchanceté) 6. agresivo (l'agressivité) 7. leal (la loyauté) 8. cortés (la politesse) 9. sensato (le bon sens) 10. piadoso (la pitié) 11. celoso (le zèle) 12. envidioso (la jalousie) 13. egoísta (l'égoïsme) 14. avaro (l'avarice) 15. valiente (le courage) 16. delicado (la délicatesse) 17. modesto (la modestie) 18. digno (la dignité) 19. perseverante (la persévérance)

3 Déduction

Trouvez le sens des mots suivants, proches du français :
1. la timidez 2. cruel 3. la brutalidad 4. la sabiduría 5. la humildad 6. la inocencia 7. el pudor 8. paciente 9. serio 10. la tolerancia 11. grosero 12. hipócrita 13. la vanidad 14. el desdén 15. orgulloso 16. ingrato 17. la falsedad 18. la cordialidad 19. la compasión 20. cándido 21. amable

4 Synonyme

Trouvez des mots de sens voisin.
1. la ternura 2. humilde 3. la suavidad 4. vanidoso 5. altivo 6. manso 7. estar celoso

5 Antonyme

Trouvez des mots de sens opposé pour les termes suivants :
1. la prudencia 2. insensato 3. tolerante 4. educado, cortés 5. avaro 6. despiadado (impitoyable) 7. cuerdo (sage)

‘TEST’

¿ Cómo expresa usted sus sentimientos ?

1. Cuando le entran ganas de llorar :
   a) Llora, sea cual sea la situación
   b) No rompe a llorar delante de los que le rodean. Se echa a llorar cuando se encuentra a solas.
   c) Usted no llora nunca

2. ¿ Suele mostrar su agrado a la gente que le gusta ?
   a) Nunca, pues no sabe cómo hacerlo
   b) Sí, y con creces
   c) Lo hace pero con moderación

3. Ir contando las propias preocupaciones es :
   a) La forma más sencilla de descargarse
   b) Una ayuda necesaria en ciertas situaciones
   c) Una muestra de flaqueza (faiblesse)

4. Acaba de enterarse que algo extraordinario va a ocurrirle :
   a) Llama enseguida a todos sus familiares y amigos
   b) Se niega a reconocer tal acontecimiento
   c) Saborea la noticia a solas

¡ OJO !
El respeto
Respetar

39

NATURALEZA
LA GENTE
LA VIDA EN LA CIUDAD
SOCIEDAD
ECONOMÍA
CIENCIAS
UNAS CUANTAS NOCIONES

¿ Te atreves a hacerlo ?

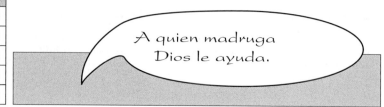

A quien madruga
Dios le ayuda.

▬ Noms

▶ el motivo ; el móvil	le motif ; le mobile
la elección	le choix
el fin, la meta	le but
▶ la capacidad	la capacité
la volundad	la volonté
la destreza, la habilidad	l'habileté, l'adresse
▶ el modo, la manera	la façon, le moyen
la ocasión, la oportunidad	l'occasion
la desventaja, el inconveniente	le désavantage, l'inconvénient
el problema	le problème
el riesgo	le risque
el peligro	le danger
el obstáculo	l'obstacle
el cumplimiento	l'accomplissement
la ejecución	l'exécution
el éxito	le succès
el fracaso	l'échec

▬ Adjectifs et adverbes

capacitado para	qualifié pour, apte à
experimentado	expérimenté
prevenido, advertido	avisé, averti
audaz	audacieux
hábil, diestro	adroit
fácil ; fácilmente	facile ; facilement
voluntario	volontaire
logrado ; conseguido	réussi
inexperimentado	inexpérimenté
incapaz de	incapable de
torpe	maladroit
inhábil	inhabile
difícil	difficile
peligroso ; inseguro	dangereux ; peu sûr
infructuoso	infructueux
apático	apathique

▬ Verbes et expressions

necesitar, tener	avoir besoin de
necesidad de	
empeñarse en	s'entêter, s'obstiner
merecer la pena	valoir la peine
tener la intención de hacer algo	avoir l'intention de faire qqch.
con la intención basta	l'intention suffit
decidirse, resolverse	se décider
tomar una decisión	prendre une décision
estar dispuesto a	être disposé à
prepararse	se préparer
organizar	organiser
prever	prévoir
intentar, procurar, tratar de	essayer de
permitir	permettre
sacar partido	tirer parti
remediar, paliar	remédier à, pallier
solucionar	apporter, trouver une solution
obrar, actuar	agir
cumplir ; realizar	accomplir
ejecutar, llevar a cabo	exécuter
acabar, terminar	achever, terminer
soler, acostumbrar	avoir l'habitude de
suelo leer por la noche	j'ai l'habitude de lire le soir
conseguir hacer algo	réussir, parvenir à faire qqch.
tener dificultades	rencontrer, éprouver des difficultés
costar	coûter
costar trabajo	coûter beaucoup, avoir du mal
me cuesta hacerlo	ça me coûte de le faire
tener la oportunidad	avoir l'occasion
evitar	éviter
renunciar	renoncer
esto (eso) no sirve para nada	cela ne sert à rien
impedir	empêcher
conseguir, lograr	réussir

▮ Dérivation

Trouvez les mots dont sont dérivés les mots suivants. La nature du mot à trouver est indiquée entre parenthèses.
1. la dificultad (adjectif)
2. la experiencia (adjectif)
3. metódico (nom)
4. una propuesta, una proposición (verbe)
5. los preparativos (verbe)
6. acabado (verbe)
7. necesariamente (adjectif)
8. intencional (nom)
9. la costumbre (adjectif)
10. la ocasión (adjectif)
11. la necesidad (verbe)
12. fácil (adverbe)
13. el atrevimiento (verbe)
14. la audacia (adjectif)
15. la impavidez (adjectif)
16. la voluntad (adjectif)
17. logrado (verbe)
18. suceder (nom)
19. (obrar), actuar (nom)

▮ Équivalent

Trouvez le sens des mots suivants, proches du français :
1. la intención 2. la decisión 3. el pretexto 4. la energía 5. activo 6. la aprobación 7. fortuito 8. enérgico 9. la necesidad 10. progresar 11. esencial 12. inevitable 13. dudar 14. decidirse 15. adaptarse 16. el esfuerzo 17. planear 18. obligatorio

▮ Synonyme

Trouvez des mots de sens voisin.
1. la meta 2. la oportunidad 3. diestro 4. ineluctable 5. sea como sea 6. prevenido 7. realizar 8. acabar 9. proyectar 10. vacilar 11. aspirar 12. intentar

▮ Antonyme

Trouvez des mots de sens opposé.
1. involuntario 2. capaz 3. difícilmente 4. torpe 5. con facilidad 6. incapaz 7. timorato ; indeciso 8. resuelto 9. blando (mou) 10. irresponsable 11. aceptar 12. la apatía

▮ Expression

Retrouvez la traduction des expressions suivantes :

1. Hacer con tino
2. El modo de obrar
3. Cueste lo que cueste
4. No dejes para mañana lo que puedas hacer hoy
5. Mucho hablar y poco hacer
6. Más hace el que quiere que no el que puede

(a) Coûte que coûte
(b) Faire avec adresse
(c) Il faut vouloir pour pouvoir
(d) La façon d'agir
(e) Il ne faut pas remettre au lendemain ce que l'on peut faire le jour même
(f) Il est plus facile de dire que de faire

CHARLANDO
– No renuncies. Trata de hacerlo.
– Me siento incapaz de llevar a cabo tal trabajo... Me va a costar tanto hacerlo...
– Lo conseguirás sin problema alguno pero... ¡ Ánimo !

¡ OJO !

Es necesario que hagas tus tareas.

Hace falta que llegues con tiempo.

Tienes que darte prisa.

Es necesario llegar con tiempo.

Hace falta cumplir con su promesa.

Hay que respetar el césped.

NATURALEZA
LA GENTE
LA VIDA EN LA CIUDAD
SOCIEDAD
ECONOMÍA
CIENCIAS
UNAS CUANTAS NOCIONES

Las relaciones humanas

De luengas tierras,
luengas mentiras.

▬ Noms

▶ la confianza — *la confiance*
la rivalidad — *la rivalité*

▶ la promesa — *la promesse*
la traición — *la trahison*

▶ la mentira — *le mensonge*
la verdad — *la vérité*

▶ la riña — *la dispute, la chamaillerie*

el enfado — *la fâcherie*
la amenaza — *la menace*
el acoso (sexual) — *le harcèlement (sexuel)*

▬ Adjectifs

obediente — *obéissant*
hipócrita — *hypocrite*
autoritario — *autoritaire*
seguro de sí mismo — *sûr de soi*
atento — *prévenant ; gentil*
servicial — *serviable*
fiel — *fidèle*
comprensivo — *compréhensif*
solidario — *solidaire*
cruel — *cruel*
despiadado — *impitoyable*

▬ Verbes et expressions

llevarse bien con alguien — *bien s'entendre avec qqn.*
desahogarse — *s'épancher*
confiar en alguien — *faire confiance à qqn.*

compartir algo — *partager qqch.*
decir la verdad — *dire la vérité*
meter cuentos, contar mentiras — *raconter des histoires, des mensonges*
contar con algo, — *compter sur qqch.,*

con alguien — *sur qqn.*
aguantarse con una cosa — *prendre son parti d'une chose*
obedecer — *obéir*
autorizar — *autoriser*
permitir — *permettre*

▶ proteger, amparar — *protéger*
sostenerse mutuamente — *se soutenir mutuellement*
alentar, animar — *encourager*
perdonarle a alguien algo — *pardonner qqch. à qqn.*
confiarse a — *se confier à*
prohibirle a alguien algo — *interdire qqch. à qqn.*
amenazar — *menacer*
maltratar — *maltraiter*
calumniar — *calomnier*
mentir — *mentir*
engañar — *tromper, duper ; tricher*

fingir, simular, hacer como sí — *feindre, faire semblant*
envidiar — *envier*
vengarse — *se venger*

▶ reñir con alguien — *se disputer avec qqn.*
enfadarse — *se fâcher, se mettre en colère*

enojar, disgustar — *fâcher*
enemistarse — *se brouiller*

▶ A ese tipo, ya no lo aguanto más — *Je ne supporte plus, je ne peux plus souffrir ce type-là*

Te prohíbo que me hables así — *Je t'interdis, je te défends de me parler ainsi*

No me vengas con cuentos — *Ne me raconte pas d'histoires*

EXERCICES

◼ Dérivation

Trouvez les mots dont sont dérivés les mots suivants. La nature du mot à trouver est indiquée entre parenthèses.
1. amistoso (nom)
2. confiarse (nom)
3. la sugerencia (verbe)
4. la discusión (verbe)
5. la información (verbe)
6. rival (nom)
7. la enemistad (adjectif)
8. desobediente (verbe)
9. convincente
10. amenazante (verbe)
11. mentiroso (nom)
12. traicionar (nom)
13. prometer (nom)
14. la hipocresía (adjectif)

◻ Équivalent

Trouvez le sens des mots suivants, proches du français :
1. pérfido 2. ingrato 3. vengarse
4. sociable 5. el traidor 6. la autoridad
7. discreto 8. ambicioso 9. rivalizar
10. el pretexto 11. el conflicto

◻ Antonyme

Trouvez un mot ou une expression de sens opposé.
1. desobediente 2. el amigo 3. antipático 4. autorizar 5. llevarse mal 6. bondadoso 7. la desconfianza 8. decir la verdad 9. el complejo de superioridad 10. desagradable 11. compartir el mismo punto de vista, las mismas ideas...

◻ Déduction

Complétez les phrases suivantes à l'aide des adjectifs fournis. Procédez par élimination et déduction.
1. No le convenció la explicación poco ... que le dieron
2. No andes con secretos : dime la verdad con ...
3. Decir que en verano suele hacer calor es una ...

4. Nos expuso razones bien ... y sólidas
5. Este reloj ni se adelanta ni se atrasa : no se le puede pedir mayor ...
6. Tuvo la ... de que él hubiera sabido resolver ese problema
7. Le parece que no se equivoca nunca y que es ...
8. Los cuadros del museo no son todos ...
9. Es un juez que aplica la ley con todo rigor : es muy ...
10. Se ha comprado un jersey de ... lana inglesa.

(a) (la) certidumbre **(b)** (la) exactitud **(c)** auténtico **(d)** (una) perogrullada (une lapalissade) **(e)** (la) franqueza (la franchise) **(f)** genuino (vrai, authentique) **(g)** estricto **(h)** fundado **(i)** infalible **(j)** verosímil (vraisemblable)

◻ Définition

Trouvez pour chaque élément de la première série sa définition dans la seconde.
(a) despreciativo **(b)** decir algo en broma **(c)** tolerante **(d)** molestar **(e)** ayudar

1. Es no hablar en serio
2. Es intentar apoyar a alguien
3. Es la persona que se muestra altiva y superior a otra
4. Es la persona que acepta que los demás sean diferentes
5. Es no dejar tranquilo a alguien.

¡OJO !	
Para mí, ...	Mi casa
Para ti, ...	
Para él, ...	El año en que se conocieron
Seguro de sí mismo.	No sabe si vendrá mañana
Vive solo.	¿ Sólo me das un caramelo ?

NATURALEZA

LA GENTE

LA VIDA EN LA CIUDAD

SOCIEDAD

ECONOMÍA

CIENCIAS

UNAS CUANTAS NOCIONES

La vivienda

Cuando las barbas de tu vecino veas pelar, echa las tuyas a remojar.

▄▄ Noms

► la vivienda	*l'habitat*
el hogar ; la casa	*le foyer ; la maison*
la casa entera	*la maison individuelle*
el piso,	*l'appartement*
el apartamento	
el piso de lujo	*l'appartement de standing*
el estudio	*le studio*
la vivienda	*le logement*
el edificio, el bloque	*le bâtiment, l'immeuble*
la manzana	*le pâté de maisons*
la urbanización	*le lotissement*
► el centro, el centro de la ciudad	*le centre, le centre-ville*
el casco viejo, el casco antiguo, histórico	*la vieille ville, le centre historique*
las afueras	*la banlieue*
el barrio residencial, la zona residencial	*le quartier résidentiel*
► el vecindario	*le voisinage*
los vecinos	*les voisins, les riverains*
el barrio	*le quartier*
► el mercado inmobiliario	*le marché immobilier*
el agente inmobiliario	*l'agent immobilier*
el constructor	*le constructeur*
el terreno	*le terrain*
la obra	*le chantier*
el empréstito	*l'emprunt*
el promotor	*le promoteur immobilier*
la industria de la construcción	*l'industrie du bâtiment*
► el propietario	*le propriétaire*
la copropiedad, la comunidad de	*la copropriété*
propietarios	
el inquilino, el arrendatario	*le locataire*
el contrato, el arrendamiento	*le bail*
el alquiler ; la fianza	*le loyer ; la caution*
la mudanza	*le déménagement*

▄▄ Adjectifs

habitado	*habité*
deshabitado	*inhabité*
ocupado, habitado	*occupé*
libre, desocupado	*libre, non occupé*
(vivienda) vacía	*(logement) vacant*
adosados (los chalés…)	*les maisons mitoyennes (dans un lotissement)*
hermanada	*jumelée*
con aire acondicionado	*climatisé*
céntrico	*du centre, central*
alejado	*éloigné*

▄▄ Verbes et expressions

acondicionar un piso	*aménager un appartement*
visitar el piso piloto	*visiter l'appartement témoin*
instalarse	*emménager*
mudarse	*déménager*
vivir en una casa	*habiter une maison*
poseer, tener piso	*posséder un appart.*
heredar una casa	*hériter d'une maison*
alquilar	*louer, prendre en location*
alquilar	*donner en location*
ocupar una casa	*squatter une maison*
desahuciar a un inquilino	*expulser un locataire*
estar en casa	*être à la maison*
ir a casa	*aller à la maison*
se vende ; se alquila	*à vendre ; à louer*

44

EXERCICES

1 Synonyme

Trouvez des mots de sens voisin.
1. el dueño 2. habitar una casa 3. un piso acondicionado 4. libre 5. cambiarse de casa 6. el casco antiguo 7. la torre 8. la especulación del suelo 9. el alojamiento

2 Famille de mots

Mémorisez en associant les mots.
Ex. : Quels mots associez-vous à propietario ? (poseer una casa, alquilar a un estudiante, desahuciar a un inquilino)
1. inquilino 2. promotor 3. el piso amueblado 4. la obra

3 Déduction (1)

Trouvez dans l'annonce immobilière les équivalents de :
(a) premier versement de ... (b) interphone (c) chauffage central (d) en centre ville (e) appartement de standing

Se vende. Pisos de lujo. Céntricos. Calle Reina Mercedes (barrio Nuevos Ministerios). Cuatro dormitorios. Dos cuartos de baño. Calefacción central. Portero automático. 601 euros de entrada. Llaves en mano.

4 Déduction (2)

Trouvez la traduction qui convient des expressions ou proverbes suivants :

1. Entrar como Pedro por su casa.	(a) Les cordonniers sont les plus mal chaussés
2. Cada cual es rey en su casa	(b) Entrer comme dans un moulin
3. No tener casa ni hogar	(c) Jeter l'argent (son bien) par les fenêtres
4. Tirar la casa por la ventana	(d) N'avoir ni feu ni lieu
5. En casa del herrero (le forgeron) cuchillo de palo (en bois)	(e) Charbonnier est maître chez soi

5 Apprenez en lisant

Complétez les phrases suivantes à l'aide des mots fournis :
1. Los estudiantes españoles suelen ... piso 2. En las grandes capitales los alquileres ... 3. El propietario nos pidió dos meses de ... 4. El ... de la casa es un hombre muy amable 5. Si se busca piso, es muy útil comprar la ... 6. No quisieron ir a vivir a las afueras de Barcelona y les cuesta pagar ... 7. Se nos va a caducar el ... 8. Vive en una casa antigua donde apenas hay ... 9. Esa casa ... a una familia vasca 10. Anda buscando un piso ...

(a) andan por las nubes (b) contrato (c) compartir (d) fianza (e) la letra del piso (f) portero (g) gastos de comunidad (h) guía inmobiliaria (i) amueblado (j) pertenece

¡ OJO !

Les américanismes :
el piso = el departamento (l'appartement)
el ascensor = el elevador (l'ascenseur)
la manzana = la cuadra (le pâté de maisons)
los cristales = los vidrios (les vitres)
la habitación = la recámara (la chambre à coucher)

PASE, MI CUARTO ESTÁ A LA DERECHA.

NATURALEZA
LA GENTE
LA VIDA EN LA CIUDAD
SOCIEDAD
ECONOMÍA
CIENCIAS
UNAS CUANTAS NOCIONES

La casa : interior y exterior

Empezar la casa por el tejado.

Noms

▶ el portal	le porche
el garaje, la cochera	le garage, la remise
la plaza de garaje	la place de parking
las paredes	les murs
el tejado	le toit, la toiture
la teja	la tuile
el tragaluz	la lucarne
la antena	l'antenne
(parabólica)	(parabolique)
el canalón	la gouttière, le chéneau
el balcón	le balcon
la azotea, la terraza	la terrasse
los cristales	les carreaux, les vitres
las persianas	les stores
los postigos	les volets
el timbre	la sonnette
el buzón	la boîte aux lettres
el cerrojo, el pestillo	le verrou
la cerradura	la serrure
la puerta blindada	la porte blindée
▶ el portal, el zaguán	l'entrée
la puerta	la porte d'entrée
el descansillo, el rellano	le palier
el peldaño	la marche
la escalera	l'escalier
el ascensor	l'ascenseur
el sótano	le sous-sol
el bajo, la planta baja	le rez-de-chaussée
el desván	le grenier
el suelo, el piso	le sol, le plancher
el techo	le plafond
el tabique	la cloison
▶ la cocina	la cuisine
los electrodomésticos	l'électroménager
la nevera, el frigorífico	le réfrigérateur, le frigo
el congelador	le congélateur
la lavadora,	la machine à laver
la máquina de lavar	le linge
el lavavajillas, el lavaplatos	le lave-vaisselle
el horno	le four
el microondas	le four à micro-ondes
la placa eléctrica	la cuisinière électrique
el armario	le placard
el fregadero, la pila	l'évier
el grifo de agua caliente ; fría	le robinet d'eau chaude ; froide
el lavadero	la buanderie
el colector, el contenedor	le vide-ordures
el cubo de la basura	la poubelle

Adjectifs

grande, amplio	grand
confortable, cómodo	confortable, douillet
práctico	pratique
funcional	fonctionnel
bien distribuido	bien conçu
lujoso	luxueux
regio	royal, superbe
mísero	miteux
claro	clair
oscuro	sombre

Verbes et expressions

que se viene abajo	délabré
vivir en un bajo	habiter au rez-de-chaussée
de varios pisos	à plusieurs étages
en el primer piso	au premier étage
encender	allumer
apagar	éteindre
subir las persianas ; bajar	monter les stores ; descendre
dar a	donner sur
echar la llave, cerrar con llave	fermer à clé

46

EXERCICES

1 Définition

Trouvez l'équivalent espagnol des mots français suivants à l'aide des définitions :

1. la nappe **2.** les couverts **3.** le couteau **4.** la cuiller **5.** l'assiette **6.** l'ouvre-boîtes **7.** la tasse **8.** la théière **9.** la cafetière **10.** le verre **11.** la coupe, le verre à pied **12.** la serviette **13.** la Cocotte-minute **14.** le grille-pain **15.** la poêle à frire **16.** la soucoupe, la sous-tasse **17.** le fer à repasser

(a) la sartén : sirve para hacer huevos fritos en ella **(b)** la tetera : sirve para hacer el té **(c)** la cuchara : sirve para tomar la sopa **(d)** la servilleta : sirve para limpiarse la boca cuando se acaba de comer **(e)** la plancha : sirve para planchar la ropa **(f)** la taza : se bebe el café en ella **(g)** los cubiertos : son la cuchara, el cuchillo y el tenedor **(h)** el tostador de pan : sirve para tostar el pan **(i)** el mantel : se pone en la mesa y encima se ponen los platos, los cubiertos y los vasos **(j)** el platillo : se pone la taza encima **(k)** la copa : se bebe el champán, por ejemplo **(l)** la cafetera : sirve para hacer el café **(m)** el cuchillo : permite cortar los alimentos **(n)** el vaso : se bebe el agua en él **(o)** el abrelatas : sirve para abrir las latas y las conservas **(p)** el plato : se come en él **(q)** la olla exprés : sirve para cocer los alimentos

2 Famille de mots

Regroupez les mots de la page de gauche désignant :

(a) des contenants et leur contenu.
Ex. : un buzón (las cartas y las postales)

(b) des éléments constitutifs de la maison situés sur un plan vertical.
Ex. : las paredes

(c) des éléments constitutifs de la maison situés sur un plan horizontal ou oblique.
Ex. : el tejado

3 Correspondance

Complétez le tableau suivant :

Los aparatos	Uso
1...	para lavar la ropa
2...	para secar la ropa
3...	para lavar la vajilla
4...	para calentar rápidamente un alimento
5...	para hacer un bizcocho o un pollo asado
6...	para conservar un alimento varios días
7...	para conservar un alimento más tiempo
8...	para cocinar
9...	para lavar la vajilla uno mismo
10...	para freír patatas fritas, por ejemplo

4 Identification

Trouvez le nom des objets représentés.

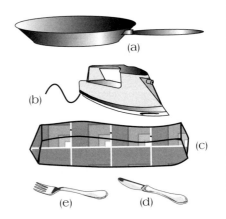

(a)

(b)

(c)

(e)   (d)

¡OJO!

el cana<u>lón</u>	=	los cana<u>lones</u>
el bal<u>cón</u>	=	los bal<u>cones</u>
el bu<u>zón</u>	=	los bu<u>zones</u>
el si<u>llón</u>	=	los si<u>llones</u>
el sa<u>lón</u>	=	los sa<u>lones</u>

NATURALEZA

LA GENTE

LA VIDA EN LA CIUDAD

SOCIEDAD

ECONOMÍA

CIENCIAS

UNAS CUANTAS NOCIONES

La casa : mobiliario

Lavar la ropa sucia
en casa.

▰▰ Noms

▶ el comedor	*la salle à manger*
el mobiliario	*le mobilier*
los muebles	*les meubles*
el salón	*le salon*
el cuarto de estar	*la salle de séjour*
el sillón, la butaca	*le fauteuil*
el cojín	*le coussin*
el sofá, el diván	*le canapé, le divan*
el tresillo	*le canapé et les deux fauteuils*
el espejo	*le miroir*
el cuadro	*le tableau*
la pantalla	*l'abat-jour*
la lámpara de pie	*le lampadaire*
la chimenea	*la cheminée*
la calefacción de gas	*le chauffage au gaz*
la calefacción eléctrica	*le chauffage électrique*
el radiador	*le radiateur*
la alfombra	*le tapis*
la moqueta	*la moquette*
la cortina	*le rideau*
el televisor	*le poste de télévision*
la tele, la televisión	*la télé, la télévision*
la cadena, el equipo alta fidelidad	*la chaîne stéréo*
el vídeo	*le magnétoscope*
el lector de discos compactos	*le lecteur de disques compacts*
la luz	*l'éclairage*
la lámpara colgante	*le lustre*
▶ el dormitorio, la habitación, la alcoba	*la chambre*
el dormitorio de invitados	*la chambre d'ami*
la cómoda	*la commode*
el armario	*l'armoire*
la cama	*le lit*
▶ el cuarto de baño	*la salle de bains*
el lavabo	*le lavabo*
los servicios, el water	*les W.C.*

el papel higiénico, el papel sánico	*le papier hygiénique*
la bañera	*la baignoire*
▶ las labores, las faenas, las tareas de la casa	*les travaux ménagers*
el polvo	*la poussière*
el trapo	*le chiffon*
la escoba	*le balai*
el aspirador, la aspiradora	*l'aspirateur*

▰▰ Verbes et expressions

al amor de la lumbre	*au coin du feu*
pintar	*peindre*
empapelar	*tapisser*
amueblar	*meubler*
instalarse, comprarse muebles	*se meubler*
poner la mesa	*mettre la table*
quitar la mesa	*débarrasser la table*
recoger	*ranger*
arreglar un cuarto	*ranger une pièce*
fregar (los platos)	*faire la vaisselle*
enjuagar	*rincer*
lavar a mano	*laver à la main*
limpiar con una esponja, pasar una esponja por	*éponger, nettoyer*
lustrar	*astiquer, lustrer*
encerar, dar cera	*cirer*
limpiar la plata	*nettoyer l'argenterie*
hacer la colada	*faire la lessive*
secar	*(faire) sécher*
planchar	*repasser*
hacer la limpieza	*faire le ménage*
hacer la cama	*faire son lit*
quitar, limpiar el polvo	*enlever la poussière*
barrer	*balayer*
pasar la aspiradora	*passer l'aspirateur*
colgar	*accrocher (un tableau)*
adornar con, de	*décorer, orner de*
poner en desorden	*mettre en désordre*

EXERCICES

◼ Famille de mots (1)

Regroupez les mots de la page de gauche désignant :
(a) des meubles faits pour s'asseoir
(b) des meubles destinés à renfermer des objets
(c) des éléments pour le chauffage
(d) des éléments pour l'éclairage
(e) ce qui a trait à l'entretien de la maison

◼ Définition

Trouvez le sens des mots suivants à l'aide de la définition :
1. la mesa : Es un mueble en el que se come
2. la silla : Es un asiento con respaldo
3. el taburete : Es también un asiento pero sin respaldo y sin brazos
4. la librería : Es el mueble en el que se colocan los libros
5. la cama de matrimonio : Se acuesta uno para dormir o para descansar. Dos personas pueden acostarse
6. la manta : Es una prenda de lana. Se utiliza en la cama y sirve sobre todo en invierno, cuando hace frío, para abrigarse
7. las sábanas : Es una pieza de tela con que se cubre el colchón de la cama
8. la mesilla : Es un mueble que está al pie de la cama
9. el grifo : utensilio por donde sale el agua. Generalmente hay dos, uno de agua caliente y otro de agua fría

◼ Construction

Trouvez le mot grammatical manquant.
1. No se ve nada, tienes que dar ... luz
2. Ya es tarde, es hora de irse ... la cama
3. Estaba tan cansado que se metió ... la cama en cuanto llegó a casa
4.¡ Cuánto me gustaría darme ... baño ahora !
5. Cada mañana limpia ... polvo de las habitaciones
6. Lola es una mujer muy ... su casa

(a) el **(b)** la **(c)** a **(d)** de **(e)** un **(f)** en

◼ Famille de mots (2)

Mémorisez en associant les mots des deux listes :
1. el jabón (le savon)   **(a)** el tendedero
2. la toalla (la ser-   **(b)** el paragüero
viette de toilette)
3. el paraguas   **(c)** la jabonera
(le parapluie)
4. el cepillo de   **(d)** el dentífrico
dientes
5. la ropa   **(e)** el toallero
(les vêtements)
6. la ropa lavada   **(f)** el detergente

¡ OJO !

Ameublar un piso.

Atravesar una calle.

Abaratar los precios.

Acaramelar un flan.

Acariciar un animal.

Sopa de letras :
Busca en esta sopa de letras cuatro elementos que puedes encontrar en un salón.

Z	O	C	S	B	R	I	E	N	M
A	L	F	O	M	B	R	A	I	U
V	G	A	F	J	I	N	D	A	C
T	I	O	A	N	I	T	R	O	C
I	N	T	E	V	A	N	R	I	S
O	F	F	N	R	R	D	N	O	A
B	O	E	I	J	L	U	T	M	A

NATURALEZA

LA GENTE

LA VIDA EN LA CIUDAD

SOCIEDAD

ECONOMÍA

CIENCIAS

UNAS CUANTAS NOCIONES

El centro urbano

Cada uno en su casa y Dios en la de todos.

▬ Noms

▶ el urbanismo	*l'urbanisme*
el arrabal, el suburbio	*le faubourg*
la zona industrial	*la zone industrielle*
el centro comercial	*le centre commercial*
la zona peatonal	*la zone piétonnière*
las afueras	*la banlieue*
el extrarradio	*la petite banlieue*
el edificio,	*l'immeuble,*
el bloque	*le bâtiment*
las viviendas de renta limitada	*les H.L.M.*
el rascacielos	*le gratte-ciel*
el piso, la planta	*l'étage*
el ático	*le dernier étage (le plus souvent avec terrasse)*
la buhardilla	*la mansarde*
▶ los barrios bajos	*les bas quartiers, les quartiers populaires*
las chabolas, el barrio de las latas	*le bidonville*
el barrio periférico	*le quartier périphérique*
la ciudad dormitorio	*la ville-dortoir*
el solar	*le terrain vague*
las zonas verdes	*les espaces verts*
el campo, el área de juego	*l'aire de jeux*
▶ el ciudadano, el habitante de una ciudad	*le citadin*
la muchedumbre, el gentío	*la foule*
los transeúntes, los peatones	*les piétons*
el paseante	*le promeneur*
el paso de peatones	*le passage pour piétons*
la acera	*le trottoir*
▶ la cabina telefónica	*la cabine téléphonique*
la fuente	*la fontaine*
la farola	*le réverbère*
el alcantarillado	*les égouts*
la valla publicitaria	*le panneau publicitaire*
el cartel	*l'affiche*
el letrero, el rótulo luminoso	*l'enseigne lumineuse*
▶ el escaparate	*la vitrine, la devanture*
el mercado	*le marché*
el Rastro	*le marché aux puces à Madrid*
▶ la oficina de correos	*le bureau de poste*
el buzón	*la boîte aux lettres*
el ayuntamiento	*l'hôtel de ville*
el cajero automático	*le distributeur automatique (de billets)*
el puesto de policía	*le poste de police*
la comisaría	*le commissariat*
la gasolinera	*le poste d'essence*
▶ la guardería infantil	*la crèche*
el estadio	*le stade*
el teatro	*le théâtre*
la sala de máquinas tragaperras	*la salle de machines à sous*

▬ Adjectifs

animado	*animé*
concurrido	*fréquenté, passant*
tranquilo	*calme*
superpoblado	*surpeuplé*

▬ Verbes et expressions

derribar un edificio	*démolir un bâtiment*
pasear	*se promener*
hacer cola	*faire la queue*
colarse (en el metro)	*resquiller (dans le métro)*

50

EXERCICES

■ Famille de mots

Regroupez les mots des listes A, B, C, en fonction de la parenté de sens.
A el bombero - la ambulancia - la comisaría
B el policía - la camilla (le brancard)
C el hospital - la manga (la lance d'incendie du pompier)

■ Définition

Trouvez le mot correspondant à chaque définition.
1.Cuando uno está en la calle y necesita llamar por teléfono a un amigo, la utiliza 2. Es un edificio de muchísimos pisos 3. Es el lugar donde se puede comprar fruta y verdura frescas 4. Aunque los bancos estén cerrados, se puede sacar dinero un domingo 5. Es a veces muy cómodo utilizarlos cuando el coche tiene una avería 6. Es el sitio donde tienen lugar los partidos de fútbol 7. No es nada agradable pero ocurre cuando mucha gente saca un billete para el mismo espectáculo

(a) el rascacielos **(b)** hacer cola **(c)** el cajero automático **(d)** los transportes colectivos **(e)** la cabina telefónica **(f)** el estadio **(g)** el mercado

■ Apprenez en lisant

Déduisez le sens des mots soulignés.
1. Los coches circulan por la calzada y los peatones tienen que andar por la acera 2. El transeúnte no va en coche sino va andando 3. Me dio sus señas pero se le olvidó darme el número de la calle y del edificio 4. El chalé de la Sierra es su segunda residencia 5. Cuando llega la primavera le encanta callejear por las calles animadas del casco histórico 6. Siempre lleva a los niños al parque público cerca de la glorieta de Bilbao 7. En este parque está prohibido pisar el césped 8. Aparcó el coche en el paso de cebra, lo que molestaba a los peatones que cruzaban la calle 9. Todavía no han terminado la circunvalación prevista : los automovilistas deben atravesar toda la ciudad 10. El turista busca la oficina de turismo

---

¡ OJO !

Hay cada vez más aficionados a las máquinas tragaperras.
Se trata de un edificio de construcción reciente.
Se equivocaron de calle y se metieron por un callejón sin salida.

EL CENTRO URBANO.

NATURALEZA

I A GENTE

LA VIDA EN LA CIUDAD

SOCIEDAD

ECONOMÍA

CIENCIAS

UNAS CUANTAS NOCIONES

Circulando por la ciudad

Encontrarse en un callejón sin salida.

▬ Noms

▶ el plano — *le plan*
la calle, la vía de dirección única — *la rue, la voie à sens unique*
la calle ; la calle mayor — *la rue ; la grand-rue*
la esquina — *l'angle, le coin d'une rue*
la encrucijada — *le carrefour*
el puente — *le pont*
el semáforo — *le feu de signalisation*
la calzada — *la chaussée*
la acera — *le trottoir*
el callejón sin salida — *l'impasse, le cul-de-sac*

▶ el expendedor de la hora — *le parcmètre*
la zona de estacionamiento restringido — *la zone de stationnement limité*
la multa — *l'amende, la contravention*
el paso de peatones — *le passage clouté*
el aparcamiento — *le parking*

▶ los transportes colectivos — *les transports en commun*
la estación — *la gare*
la parada de autobús — *l'arrêt de bus*
el metro — *le métro*
la estación de metro — *la station de métro*
la boca de metro — *la bouche de métro*

▶ la hora punta — *l'heure de pointe*
el tráfico — *la circulation*
los atascos — *les embouteillages*
el carné, el carnet de conducir — *le permis de conduire*
la (placa de) matrícula — *la plaque d'immatriculation*
el seguro (a todo riesgo ; de daños a terceros) — *l'assurance (tous risques ; au tiers)*

el código de la circulación — *le code de la route*
las señales de tráfico — *la signalisation routière, les panneaux de signalisation*
el disco verde ; rojo — *le feu vert ; rouge*
el exceso de velocidad — *l'excès de vitesse*
el accidente — *l'accident*
el atestado — *le contrat*
el perito de seguros — *l'expert*

▬ Adjectifs

(carretera) saturada — *(route) encombrée*
herido — *blessé*

▬ Verbes et expressions

▶ cruzar la calle — *traverser la rue*
seguir calle arriba — *remonter la rue*
seguir calle abajo — *descendre la rue*
doblar la esquina — *tourner au coin de la rue*
torcer (a la izquierda ; a la derecha) — *tourner (à gauche ; à droite)*
tirar (a la izquierda) — *prendre (à gauche)*

▶ saltarse un semáforo — *brûler un feu rouge*
echar una multa — *dresser une contravention*
ser responsable ; víctima de un accidente — *être responsable ; victime d'un accident*
atropellarle a uno un coche ; atropellar — *être renversé par une voiture ; renverser*
estacionar en doble fila — *se garer en double file*
dar media vuelta — *faire un demi-tour*
se me ha pinchado la rueda — *j'ai crevé*

EXERCICES

1 Équivalent

Trouvez l'équivalent français des expressions suivantes :

1. Ceda el paso
2. Prohibido aparcar
3. La faja intermedia
4. La dirección prohibida
5. El sentido giratorio
6. Prohibido ir a más de 50 km/h
7. ¡ Atención, obras !
8. Estrechamiento de carretera

(a) La bande médiane
(b) Interdiction de stationner
(c) Le sens giratoire
(d) Interdiction de dépasser 50 km/h
(e) Chaussée rétrécie
(f) Le sens interdit
(g) Cédez le passage
(h) Attention, travaux !

2 Antonyme

Trouvez un mot ou une expression de sens opposé.
1. Una carretera sin apenas tráfico
2. Un billete de ida y vuelta
3. Llegar pronto(tôt)
4. Coger el autobús
5. Ser víctima de un accidente
6. Pararse en un semáforo

3 Déduction

Trouvez le sens du mot ou de l'expression soulignés en fonction du contexte.
1. La serie de colisiones : Hubo muchos accidentes durante el fin de semana y una serie de colisiones graves.
2. Las autopistas en Francia y en Italia son bastante caras.
3. La curva : Ten cuidado si vas por esa carretera, hay muchísimas curvas muy peligrosas.
4. El medio de transporte : El metro es el medio de transporte más práctico en las ciudades.
5. El borde de la acera : Al hacer la maniobra chocó contra el borde de la acera.

6. Autoescuela : Conozco una estupenda autoescuela : sacarás el carné sin dificultad.
7. La glorieta : Las glorietas permiten evitar muchos accidentes.
8. Hay que pagar el importe de la autopista en el peaje.
9. El área de descanso : Cuando uno está cansado de conducir por la autopista, uno puede pararse en el área de descanso.
10. El carril bici : Si hubiera más carriles bici, los ciclistas correrían menos peligro en bici y muchos automobilistas dejarían el coche en el garaje.

a) moyen de transport (b) le rond-point
(c) la piste cyclable (d) le bord du trottoir
(e) les autoroutes (f) le péage (g) le virage
(h) le carambolage (i) l'aire de repos
(j) l'auto-école

4 Synonyme

Trouvez un mot ou une expression de sens voisin.
1. estacionar 2. el cruce 3. el parking
4. atravesar la calle

CHARLANDO
— ¿ Puede usted indicarme cómo se va hasta la plaza Carlos Quinto ?
— Es muy fácil. Coja usted primero a la derecha, siga usted por la misma acera hasta la calle Teruel, tire entonces a la izquierda y al llegar al segundo semáforo, tuerza usted a la izquierda otra vez. La plaza estará a unos pasos.
— Muchas gracias.
— Verá usted que no se puede perder.
¡ Hasta luego !

¡ OJO !

Está prohibido aparcar coches delante de la cochera.

Está prohibido fijar carteles.

NATURALEZA
LA GENTE
LA VIDA EN LA CIUDAD
SOCIEDAD
ECONOMÍA
CIENCIAS
UNAS CUANTAS NOCIONES

El automóvil y la bici

Más vale tarde que nunca.

Noms

► el vehículo	le véhicule
el coche,	la voiture,
el automóvil	l'automobile
el camión	le camion
la caja	la coque
la carrocería	la carrosserie
los amortiguadores	les amortisseurs
la rueda de socorro	la roue de secours
los neumáticos	les pneus
el gato	le cric
el motor	le moteur
las bujías	les bougies
el tubo de escape	le pot d'échappement
los gases de escape	les gaz d'échappement
► la gasolina	l'essence
el tablero de mandos	le tableau de bord
el cuentakilómetros	le compteur (km)
el velocímetro	le compteur (vitesse)
el pedal de acelerador	la pédale d'accélérateur
la caja de cambios, de velocidades	la boîte de vitesses
la palanca de cambio	le levier de changement de vitesses
la marcha (hacia) atrás	la marche arrière
el cinturón de seguridad	la ceinture de sécurité
el reposacabezas	l'appuie-tête
los frenos	les freins
la adherencia, la estabilidad (del coche)	la tenue de route
el consumo	la consommation
► el mecánico	le mécanicien
los gastos de mantenimiento	les frais d'entretien
la avería	la panne
el neumático desinflado	le pneu à plat
el pinchazo	la crevaison
► la bicicleta, la bici	le vélo, la bicyclette
la moto	la moto
el ciclista	le cycliste
el cuadro	le cadre
el sillín	la selle
la llanta	la jante
el guía	le guidon
la caída	la chute

Adjectifs

seguro	sûr, fiable
manejable	maniable
económico	économique
permitido	permis
pinchado	crevé
(rueda) torcida	voilée

Verbes et expressions

montar en coche ; bajarse del coche	monter en voiture ; descendre de la voiture
estar en tercera ; estar en punto muerto	être en troisième ; au point mort
cambiar de velocidad	changer de vitesse
hacer marcha atrás	faire marche arrière
adelantar, pasar	dépasser, doubler
correr	faire de la vitesse, aller vite
aminorar la velocidad	ralentir
frenar	freiner
tener una avería	tomber, être en panne
pinchar	crever
coger, tomar una curva	prendre un virage
ir en bicicleta	aller à bicyclette

EXERCICES

1 Équivalent (1)

Donnez l'équivalent français de chacun des mots et des expressions suivants :
1. circular 2. conducir 3. la batería 4. la berlina 5. la velocidad punta 6. los amor-tiguadores 7. el carburador 8. la pintura metalizada 9. estacionar 10. acelerar 11. embragar 12. desembragar 13. la dirección 14. las luces de posición 15. el pedal

2 Équivalent (2)

Trouvez l'équivalent des mots et des expressions suivants :
1. el freno de mano 2. el capó 3. la luz larga 4. el embrague 5. arrancar en segunda 6. el retrovisor 7. el parabrisas 8. el maletero 9. el embellecedor 10. el cristal trasero 11. las luces traseras, los pilotos 12. el parachoques 13. el portón trasero 14. las luces de cruce

(a) le pare-brise (b) la lunette arrière (c) le rétroviseur (d) le capot (e) le coffre (f) le pare-choc (g) les phares (h) les feux arrière (i) l'embrayage (j) le frein à main (k) démarrer en seconde (l) l'enjoliveur (m) le hayon (n) les feux de croisement

3 Définition

Trouvez le sens des mots suivants à l'aide des définitions :
(a) l'essuie-glace (b) la boîte à gants (c) le clignotant (d) les vitres teintées (e) le volant (f) le réservoir

1. El intermitente : hay que ponerlo para avisar que uno va a torcer a la derecha o a la izquierda.
2. Los cristales tintados : son muy útiles para evitar el deslumbramiento del sol
3. El volante : sin él, no se puede condu-cir
4. El limpiaparabrisas : se utiliza cuando llueve (para limpiar el cristal)
5. El depósito : se echa en él la gasolina
6. La guantera : sirve para guardar los guantes u otros objetos pequeños. A menudo, cierra con llave.

4 Apprenez en lisant

Déduisez le sens des mots soulignés.
1. No tenía mucho dinero para comprarse un coche nuevo y se compró un coche de segunda mano. 2. Al llegar, encontrarás coches de alquiler. Los puedes alquilar por un día, por tres o por una semana. 3. ¡ Lo que presumía con su coche flamante delante de la puerta !... 4. Se les estropeó el coche por la carretera y no pudieron menos que remolcarlo hasta un garaje.

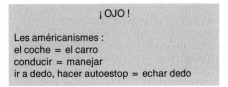

¡ OJO !

Les américanismes :
el coche = el carro
conducir = manejar
ir a dedo, hacer autostop = echar dedo

5 Identification

Identifier les cinq parties de la voiture.

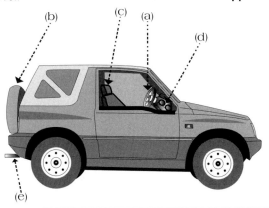

(b) (c) (a) (d)

(e)

NATURALEZA
LA GENTE
LA VIDA EN LA CIUDAD
SOCIEDAD
ECONOMÍA
CIENCIAS
UNAS CUANTAS NOCIONES

Trenes, aviones y barcos

Ir a un tren endemoniado.

▬ Noms

▶ el ferrocarril	*le chemin de fer*
la estación	*la gare*
el andén ; la vía	*le quai ; la voie*
la taquilla	*le guichet*
la consigna	*la consigne*
la salida	*le départ*
la llegada	*l'arrivée*
el coche	*le wagon, la voiture*
el revisor	*le contrôleur*
el transbordo	*le changement*
el viaje de ida ; el viaje	*l'aller simple ;*
de ida y vuelta	*l'aller-retour*
la tarifa reducida ;	*le tarif réduit ;*
completa	*le plein tarif*
▶ el avión a/de reacción	*l'avion à réaction*
el aparato	*l'appareil*
la carlinga	*la carlingue*
la ventanilla	*le hublot*
el vuelo ; el pasajero	*le vol ; le passager*
el aeropuerto	*l'aéroport*
el controlador de la	*le contrôleur aérien*
navegación aérea	
la pista	*la piste*
el aterrizaje forzoso	*l'atterrissage forcé*
el cambio de horario	*le décalage horaire*
▶ el barco ; la barca	*le bateau ; la barque*
el buque	*le navire*
el barco de recreo	*le bateau de*
	plaisance
el barco de vela ;	*le bateau à voile ;*
de vapor	*à vapeur*
la travesía	*la traversée*
la cubierta	*le pont*
el camarote	*la cabine*
la litera	*la couchette*
el casco ; la cala	*la coque ; la cale*
el rumbo	*le cap*
la tripulación	*l'équipage*
el capitán	*le capitaine*
el marino, el marinero	*le marin*
el naufragio	*le naufrage*

el chaleco salvavidas	*le gilet de sauvetage*
el bote salvavidas,	*le canot de sauvetage*
la canoa de rescate	
▶ el puerto	*le port*
el faro ; el muelle	*le phare ; le quai*
el malecón	*la jetée*
el armador	*l'armateur*

▬ Adjectifs

aéreo	*aérien*
anclado	*à l'ancre*

▬ Verbes et expressions

llegar a ; salir	*arriver à ; partir*
despedirse	*prendre congé*
ir con retraso	*avoir du retard*
tomar, coger el tren ;	*prendre ; manquer*
perder el tren	*le train*
perder el transbordo	*manquer*
	la correspondance
hacer transbordo,	*changer*
transbordarse,	
transbordar	
reservar	*réserver*
despegar ; aterrizar	*décoller ; atterrir*
tomar tierra	*se poser*
embarcar(se)	*(s')embarquer*
facturar (el equipaje)	*enregistrer*
	(les bagages)
navegar ; acostar	*naviguer ; aborder*
embarcarse	*monter à bord*
cargar ; descargar	*charger ;*
	décharger
echar el ancla ;	*jeter ;*
levar anclas	*lever l'ancre*
cabecear	*tanguer*
encallar	*échouer*
irse a pique	*couler*
hundirse	*sombrer*
Abróchense	*Attachez*
los cinturones	*vos ceintures*

EXERCICES

▌1 Famille de mots

Regroupez les mots des listes A, B, C, en fonction de la parenté de sens.
A. la maleta - el paquebote - el baúl (la malle)
B. el paracaídas - el ancla - el remo (la rame)
C. los meneos (les secousses) - el maletín (la mallette) - la barandilla (la rambarde) - la torre de mandos (de contrôle)

▌2 Déduction

Trouvez le sens des expressions ou mots suivants :
1. La vía férrea 2. La red ferroviaria 3. Tomar alta mar 4. La azafata 5. El tren de cercanías 6. El tramo 7. El submarino 8. El yate 9. El coche cama 10. Llevar el timón 11. La ventanilla

(a) Le train de banlieue **(b)** Gagner le large **(c)** Le tronçon **(d)** La voie ferrée **(e)** Le réseau de chemins de fer **(f)** L'hôtesse de l'air **(g)** Le sous-marin **(h)** Tenir la barre **(i)** Le wagon-lit **(j)** Le yacht **(k)** Le hublot

▌3 Construction

Trouvez le mot grammatical manquant.
1. Cogimos ayer el tren … Sevilla
2. ¿ Sólo viajas con el equipaje … mano ?
3. Se equivocó de andén y se subió … tren de casualidad
4. Tienes que apearte … la estación de Atocha
5. No es piloto … AVIANCA sino … IBE-RIA
6. Iba … todo tren
7. Es peligroso asomarse … la ventanilla
8. El tren … destino a Sevilla saldrá a las nueve de la noche
9. No me mareo nunca … avión

(a) con **(b)** a **(c)** en **(d)** por **(e)** para **(f)** en **(g)** de **(h)** de **(i)** al

▌4 Définition

Aidez-vous des définitions proposées pour trouver la traduction exacte.

1. El tren de mercancías : es el tren que no lleva a pasajeros
2. El paso a nivel : es cuando se cruzan una carretera y una vía de ferrocarril
3. El Tren de Alta Velocidad (el AVE) : el TGV es el tren de Alta Velocidad francés mientras que el AVE es el español
4. La máquina expendedora de billetes : permite comprar un billete sin pasar por la taquilla
5. La sala de embarque : cuando ya está facturado el equipaje y todavía no se puede subir al avión, se espera allí
6. El ala : los aviones suelen tener dos como los pájaros
7. La vía : por ella pueden rodar los trenes

(a) L'aile **(b)** Le train à grande vitesse **(c)** La voie **(d)** Le train de marchandises **(e)** Le passage à niveau **(f)** La salle d'embarquement **(g)** Le distributeur de titres de transport

▌5 Expression

Trouvez la traduction des expressions suivantes qui convient :

1. Quemar las naves
2. ¡ Viajeros al tren !
3. Un vuelo a ras de tierra
4. Ir viento en popa
5. Ir a contraviento
6. Atracar al muelle

(a) En voiture !
(b) Se mettre à quai
(c) Avoir le vent en poupe
(d) Avoir le vent contraire
(e) Un vol en rase-mottes
(f) Couper les ponts

NATURALEZA
LA GENTE
LA VIDA EN LA CIUDAD
SOCIEDAD
ECONOMÍA
CIENCIAS
UNAS CUANTAS NOCIONES

La familia

De tal palo,
tal astilla.

▬▬ Noms

▶ la familia	*la famille*
los padres	*les parents*
el padre	*le père*
la madre	*la mère*
la hija	*la fille*
el hijo	*le fils*
el primogénito	*le fils aîné*
la hermana	*la sœur*
el hermano	*le frère*
los hermanos	*les frères et sœurs*
el hermanastro	*le demi-frère*
▶ el tío	*l'oncle*
la tía	*la tante*
el primo	*le cousin*
la prima	*la cousine*
el sobrino	*le neveu*
la sobrina	*la nièce*
el sobrino segundo	*le petit-neveu*
los abuelos	*les grands-parents*
el abuelo	*le grand-père*
la abuela	*la grand-mère*
el bisabuelo	*l'arrière-grand-père*
el tatarabuelo	*l'arrière-arrière-grand-père*
los nietos	*les petits-enfants*
el árbol genealógico	*l'arbre généalogique*
la progenie, la progenitura	*la progéniture*
▶ el marido, el esposo	*le mari, l'époux*
la mujer, la esposa	*la femme, l'épouse*
el suegro	*le beau-père*
la suegra	*la belle-mère*
los suegros, los padres políticos	*les beaux-parents*
el yerno	*le gendre*
la nuera	*la belle-fille, la bru*
el padrastro	*le beau-père par mariage, le deuxième père*
▶ el hijo único	*l'enfant unique*
el huérfano	*l'orphelin*

el viudo	*le veuf*
la viuda	*la veuve*
▶ el bautizo	*le baptême*
el padrino	*le parrain*
la madrina	*la marraine*
el entierro	*l'enterrement*
el novio, el prometido	*le fiancé*
la novia, la prometida	*la fiancée*
los esponsales	*les fiançailles*
los novios, los recién casados	*les (jeunes) mariés*
el anillo de boda	*l'alliance*
la boda	*le mariage*
la luna de miel	*la lune de miel*
el viaje de novios	*le voyage de noces*
el matrimonio	*le ménage, le couple*

▬▬ Adjectifs

el hermano mayor	*le frère aîné*
el hermano menor	*le frère cadet*
el hijo menor, el segundón	*le fils cadet*
un niño mimado, consentido	*un enfant gâté*
travieso	*espiègle, polisson*
bien educado	*bien élevé*
mal educado, maleducado, malcriado	*mal élevé*
soltero(a)	*célibataire*

▬▬ Verbes et expressions

prometerse	*se fiancer*
casarse	*se marier*
contraer matrimonio	*se marier, convoler*
divorciarse	*divorcer*
adoptar	*adopter*
mimar a un niño	*gâter un enfant*
criar	*élever*
obedecer ; desobedecer	*obéir ; désobéir*
dar (mucha) guerra	*être polisson, difficile à élever*

58

EXERCICES

1 Conversion

Pour chaque mot souligné, trouvez un mot appartenant à une autre catégorie grammaticale.
Ex. : Parece ser que no va a tener lugar como previsto la petición de mano.
la petición de mano = la demande en mariage → pedir la mano (v) = demander en mariage

1. Adoptaron a un niño colombiano el año pasado **2.** Van a divorciarse porque se llevan muy mal **3.** Esos niños son insoportables, los padres los miman demasiado **4.** Nos confesaron que no era fácil educar a aquellos niños **5.** Viven separados desde hace mucho tiempo

2 Déduction

Trouvez le mot qui convient.
1. Si es hermana de mi tía y no es tía mía, es mi ... **2.** Es la madre de tu madre, es tu ... **3.** Está casada con tu hermano, es tu ... **4.** El hermano de tu madre es tu ... **5.** La hija del hermano de tu padre es tu ... **6.** Es el hijo de tu hermano, es tu ... **7.** Es la madre de tu marido, es tu ... **8.** Es la hija de tu padrastro, es tu ...

(a) abuela **(b)** hermanastra **(c)** sobrino **(d)** prima **(e)** cuñada **(f)** suegra **(g)** madre **(h)** tío

3 Apprenez en lisant

Complétez les phrases suivantes à l'aide des mots fournis :
1. Se equivocó al rellenar el expediente al no poner ... **2.** Los padres y los hijos se llevan a las mil maravillas : es ... **3.** Se parecen tanto que se creyó que eran ... **4.** Siempre se presenta como ... **5.** Tras el divorcio, fue la madre quien logró ... de sus hijos **6.** Cada mes, el padre tiene que ... **7.** Veraneaban con ... **8.** A los cincuenta años, sigue ... **9.** ... y sin compromiso **10.** No quieren ... por la iglesia sino sólo por lo civil **11.** Son ... : sus padres murieron en un accidente de coche.

(a) solterón **(b)** la custodia **(c)** el apellido de soltera **(d)** casarse **(e)** gemelos(as) **(f)** soltero **(g)** familia unida **(h)** el cabeza de familia **(i)** los primos carnales **(j)** pagar la pensión **(k)** huérfanos

¡ OJO !

Vinieron el padre y el hijo juntos.

Padre e hijo.

Se parecen la madre y la hija mucho.

Estaban presentes primos, sobrinos e hijos.

LA FAMILIA.

NATURALEZA
LA GENTE
LA VIDA EN LA CIUDAD
SOCIEDAD
ECONOMÍA
CIENCIAS
UNAS CUANTAS NOCIONES

Relaciones sociales

Dime con quién andas y te diré quién eres.

Noms

▶ la velada, la fiesta	*la soirée, la fête*
el huésped, la huéspeda	*l'hôte, l'hôtesse (qui reçoit)*
el invitado, el huésped	*l'invité*
el convite	*l'invitation*
la fiesta de cumpleaños	*la fête d'anniversaire*
el cóctel ; la cena	*le cocktail ; le dîner*
▶ el amigo (de toda la vida)	*l'ami (de toujours)*
los allegados	*les proches*
el amante, el querido	*l'amant*
la amistad	*l'amitié*
el amigo, el amigote	*le copain*
el enemigo	*l'ennemi*
el compañero de clase	*le camarade de classe*
el camarada, el compañero de trabajo	*le camarade de travail*
el colega	*le collègue*
el novio, el prometido	*le fiancé*
el amigo, el novio	*le petit ami*
la pareja	*le compagnon, la compagne*
la cita	*le rendez-vous*
el conocido	*la connaissance*
el vecino	*le voisin*
el don de gentes	*le don de plaire*
▶ la clase social	*la classe sociale*
la clase media	*la classe moyenne*
la alta burguesía	*la haute bourgeoisie*
la burguesía	*la bourgeoisie*
el pequeño burgués	*le petit-bourgeois*
la clase obrera	*la classe ouvrière*
el aristócrata	*l'aristocrate*
el advenedizo	*l'arriviste*
el trepa, el cachorro	*le jeune loup, le jeune cadre dynamique*
la flor y nata	*la crème*
la plebe	*la plèbe*

Adjectifs

amistoso ; amable	*amical ; aimable*
simpático	*sympathique*
fiel ; leal	*fidèle ; loyal*
cortés	*courtois, poli*
educado, pulido	*poli*
(una persona) de buenas costumbres	*de bonnes mœurs*
corto	*timide*
altivo, altanero	*hautain, altier*
reservado	*réservé*
distinguido	*distingué,chic*
cursi, amanerado	*snob, guindé*
descarado	*effronté*
fresco ; descortés	*cavalier ; impoli*
vulgar	*vulgaire*
mal educado, malcriado	*mal élevé, malappris*
insolente	*insolent*
grosero, tosco	*grossier, fruste*
aburrido	*ennuyeux*

Verbes et expressions

tener visitas, recibir, tener reunión en casa	*recevoir*
recibir visitas	*recevoir de la visite*
ir de visita	*rendre visite*
felicitar por su santo	*souhaiter à qqn. sa fête*
divertirse	*s'amuser*
pasárselo bien	*bien s'amuser*
pasarlo bomba	*s'amuser comme un fou*
invitar, convidar a (una cena)	*inviter (à dîner)*
trabar amistad con alguien	*se lier d'amitié avec qqn.*
respetar	*respecter*
despreciar ; humillar	*mépriser ; humilier*

EXERCICES

◼1 Synonyme

Trouvez un mot ou une expression de sens voisin.
1. fastidioso 2. convidar 3. la invitación 4. tímido 5. tosco 6. afable 7. menospreciar 8. refinado

◼2 Antonyme

Trouvez un mot ou une expression de sens opposé.
1. antipático 2. refinado 3. el enemigo 4. la alta burguesía 5. respetar 6. aburrirse 7. sociable

◼3 Expression

Retrouvez douze expressions dans les deux listes puis retrouvez leur traduction.

A
1. Manos frías,
2. Ojos que no ven
3. Más vale estar solo
4. Dar con la horma
5. Quien bien te quiere
6. Amor con amor
7. Comerse
8. Vivir con pan
9. Afortunado en el juego,
10. Cuando una puerta se cierra,
11. Cada oveja
12. Casamiento y mortaja,

(a) que mal acompañado
(b) desgraciado en amores
(c) con los ojos a alguien
(d) corazón que no siente
(e) con su pareja
(f) corazón ardiente
(g) de su zapato
(h) ciento se abren
(i) se paga
(j) del cielo baja
(k) y cebollas
(l) te hará llorar

B
(a) Qui aime bien châtie bien (b) Un de perdu, dix de retrouvés (c) C'est un échange de bons procédés (d) Il vaut mieux être seul que mal accompagné (e) Heureux au jeu, malheureux en amour (f) Loin des yeux, loin du cœur (g) Vivre d'amour et d'eau fraîche (h) Le mariage est une loterie (i) Qui se ressemble s'assemble (j) Trouver chaussure à son pied (k) Mains froides, cœur chaud (l) Dévorer quelqu'un des yeux

◼4 Définition

Trouvez pour chaque élément de la première série sa définition dans la seconde.
1. devolver la visita 2. cursi 3. la tarjeta 4. el vecino 5. el conocido

(a) Es lo que se manda a alguien para anunciarle que se le invita
(b) Es el hecho de invitar a alguien que ya nos invitó
(c) Es la persona que vive al lado de usted
(d) Es la persona que uno no conoce : tan bien como a un amigo
(e) Es una persona amanerada que a menudo quiere aparentar

◼5 Équivalent

Trouvez le sens des mots suivants, proches du français :
1. la lucha de clases 2. la sociabilidad 3. los familiares 4. la recepción 5. las presentaciones 6. influyente 7. inoportuno 8. la flor y nata 9. mundano 10. los buenos modales 11. la visita 12. celebrar algo

CHARLANDO
– Oye, ¿ sabes que Pepito da una fiesta en su casa, por su cumple… ?
– ¿ te has enterado del día y de la hora ?
– Sí, es el sábado próximo, a partir de las diez.
– Vale. Y ¿ quién va a ir ?
– Pues, los de siempre pero también estarán algunos de sus primos.
– Estupendo.
– Bueno, intenta avisar tú a Laura. Hay que pasar cadena si no alguno de nosotros se queda sin enterarse.
– No te preocupes…

NATURALEZA
LA GENTE
LA VIDA EN LA CIUDAD
SOCIEDAD
ECONOMÍA
CIENCIAS
UNAS CUANTAS NOCIONES

Servicios y leyes

Sentar en el banquillo a alguien.

▬ Noms

▶ el consejal — le conseiller municipal
el alcalde — le maire
la alcaldía — la mairie
el ayuntamiento — l'hôtel de ville
la recogida de basura — le ramassage des ordures
los basureros — les éboueurs
los bomberos — les pompiers
la guardería infantil — la crèche
la biblioteca — la bibliothèque
el mercado — le marché
la vivienda — le logement
las viviendas de protección oficial — les H.L.M.
la asistente, la asistenta social — l'assistante sociale
▶ la Seguridad Social — la Sécurité sociale
la ambulancia — l'ambulance
la camilla — le brancard
(el departamento de) urgencias — le service des urgences
el herido — le blessé
los primeros auxilios — les premiers secours
la transfusión de sangre — la transfusion sanguine
la consulta, el consultorio — le cabinet médical
la receta — l'ordonnance
el chequeo médico — le bilan de santé
el reconocimiento médico — l'examen médical
el especialista — le spécialiste
el cirujano — le chirurgien
la enfermera — l'infirmière
el ambulatorio — le dispensaire
el hospital — l'hôpital
la clínica — la clinique
el quirófano — le bloc opératoire
la UVI (unidad de vigilancia intensiva) — le service de réanimation, l'unité de soins intensifs

la policía — la police
el policía — le policier
el poli — le flic
el puesto de policía — le poste de police
la comisaría — le commissariat
la guardia civil — la gendarmerie (espagnole)
el ladrón — le voleur
el robo con efracción — le cambriolage
el atestado — le procès-verbal
la multa — l'amende
▶ el tribunal — le tribunal
el jurista — l'homme de loi
el abogado — l'avocat
la toga — la robe, la toge
el notario — le notaire
el juez — le juge
el proceso, el pleito — le procès
el jurado — le jury
el testigo — le témoin
la ley — la loi
el juicio, el veredicto la sentencia — le jugement, le verdict

▬ Adjectifs

legal ; ilegal — légal ; illégal
justo ; injusto — juste ; injuste
jurídico — juridique
culpable — coupable
inocente — innocent

▬ Verbes et expressions

detener, arrestar, prender — arrêter
ir por justicia — aller en justice
testar — tester
denunciar, querellarse — porter plainte
delatar — dénoncer
sentenciar — rendre un jugement
absolver — acquitter
indultar — gracier

EXERCICES

1 Équivalent

Trouvez l'équivalent français des mots suivants :
1. el fraude 2. el delito 3. la criminalidad
4. la policía judicial 5. el interrogatorio
6. la delación 7. corromper 8. la puesta
en libertad provisional 9. la culpabilidad

2 Conversion

Pour chaque mot souligné, trouvez un mot appartenant à une autre catégorie grammaticale.
Ex. : Resultaba sospechoso el que quisiera ocultar el nombre de su compañero.
sospechoso (adj.) = *suspect* → las sospechas (n) = *les soupçons*

1. Se ha de formar una comisión para indagar los reales móviles del crimen
2. Ese tipo es un criminal sumamente peligroso
3. Dados los agravantes, lo condenaron a veinte años de reclusión
4. No consiguieron arrestarlo por corrupción

3 Expression (1)

Trouvez la traduction qui convient des expressions ou proverbes suivants :
1. Allá van leyes donde quieren reyes	(a) C'est la loi et les prophètes
2. Aplicar la ley del embudo	(b) Les innocents paient pour les coupables
3. Esto va al cielo	(c) La raison du plus fort est toujours la meilleure
4. Pongo por testigo al cielo	(d) Se faire justice
5. Tomarse la justicia por su mano	(e) J'en atteste le ciel
6. Pagan justos por pecadores	(f) Avoir deux poids et deux mesures

4 Expression (2)

Trouvez la traduction des expressions suivantes :
1. Presentar una denuncia	(a) Intenter un procès
2. Incoar un proceso	(b) La condamnation avec sursis
3. El fallo en primera instancia	(c) Déposer une plainte
4. La condena condicional	(d) Le jugement en première instance
5. Abogar a favor de alguien	(e) Porter plainte
6. Presentar una querella	(f) Plaider en faveur de qqn.

5 Définition

Trouvez pour chaque élément de la première série sa définition dans la seconde.
1. el testigo 2. el abogado 3. la puericultora 4. el servicio de urgencias 5. la receta

(a) El médico escribe en ese papel los medicamentos que tiene que tomar el enfermo
(b) Es la persona que ha presenciado un acontecimiento y puede dar su testimonio dando datos precisos y seguros
(c) Ahí acude una persona que llega a un hospital en un estado grave
(d) Es la persona que cuida de los niños en una guadería infantil
(e) Es la persona que defiende - ya sea a la víctima, ya sea al culpable - en los juicios y procesos

┌─────────────────────────────┐
│ ¡ OJO ! │
│ Más vale avenencia que mala sentencia. │
└─────────────────────────────┘

NATURALEZA
LA GENTE
LA VIDA EN LA CIUDAD
SOCIEDAD
ECONOMÍA
CIENCIAS
UNAS CUANTAS NOCIONES

Política

Estar en su centro.

▰ Noms

▶ el (hombre) político — *l'homme politique*
el diputado — *le député*
el escaño — *le siège*
la sesión parlamentaria — *la session parlementaire*
las elecciones legislativas — *les élections législatives*
la circunscripción — *la circonscription*
el escrutinio — *le scrutin*
el presidente de la mesa electoral — *le président du bureau de vote*
la abstención — *l'abstention*
el partido político — *le parti politique*
el ministro — *le ministre*
el consejo de ministros — *le conseil des ministres*
el gabinete — *le cabinet*
el proyecto de ley — *le projet de loi*
la enmienda — *l'amendement*
el ministerio — *le ministère*
el grupo de presión — *le groupe de pression*
la función pública — *la fonction publique*
el funcionario — *le fonctionnaire*
el diplomático — *le diplomate*
el ministro de Asuntos exteriores — *le ministre des Affaires étrangères*

▶ la democracia — *la démocratie*
la república — *la république*
la monarquía constitucional — *la monarchie constitutionnelle*
la dictadura — *la dictature*
el totalitarismo — *le totalitarisme*
el fascismo — *le fascisme*
el comunismo — *le communisme*
el jefe de Estado — *le chef d'État*
el estadista — *l'homme d'État*
el tirano — *le tyran*
el dictador — *le dictateur*

los derechos humanos — *les droits de l'homme*
la revolución — *la révolution*
la guerra civil — *la guerre civile*
el golpe de estado — *le coup d'État*

▶ el derecho internacional — *le droit international*
la ONU (la Organización de las Naciones Unidas) — *l'ONU*
la OTAN (la Organización del Tratado del Atlántico Norte) — *l'OTAN*
el pacto — *le pacte*
la coalición — *la coalition*
una gran potencia — *une grande puissance*
la fuerza de disuasión — *la force de dissuasion*

▰ Adjectifs

republicano — *républicain*
demócrata — *démocrate*
totalitario — *totalitaire*
ultraderechista — *d'extrême droite*
ultraizquierdista — *d'extrême gauche*
apolítico — *apolitique*
partidista — *partisan*

▰ Verbes et expressions

ser de derecha(s) — *être de droite*
ser de izquierda(s) — *être de gauche*
votar a favor de ; contra un candidato — *voter pour ; contre un candidat*
obtener la mayoría — *obtenir la majorité*
presidir — *présider*
reinar — *régner*
gobernar ; mandar — *gouverner ; diriger*
dimitir — *démissionner*
derribar — *renverser*

EXERCICES

1 Conversion

Pour chaque mot souligné, trouver un mot appartenant à une autre catégorie grammaticale.
Ex. : El candidato ganó por treinta <u>votos</u> a favor y veinte en contra.
el voto (n) = *le vote* → votar (v) = *voter*

1. Se trata de <u>elecciones</u> anticipadas **2.** En las últimas elecciones legislativas hubo un porcentaje muy elevado de <u>abstencionistas</u> **3.** Le cuesta <u>gobernar</u> a este nuevo político **4.** <u>El ministro</u> de Hacienda se ha quedado sin cartera tras las elecciones **5.** El grupo <u>parlamentario</u> de izquierda no se pronunció a favor de aquella ley **6.** Inexistentes son los partidos de <u>oposición</u> en este país donde se respetan tan poco los derechos humanos

2 Équivalent

Trouvez dans la liste B l'équivalent français des vocables et expressions proposés dans la liste A.
A
1. La razón de Estado 2. El consejo de ministros 3. La cartera 4. El voto de confianza 5. Una elección por sufragio universal 6. La conferencia en la cumbre 7. Hacer el recuento de votos 8. Los cargos políticos 9. La votación a dos vueltas 10. El ministro de Hacienda 11. La papeleta en blanco 12. La presidencia del gobierno 13. El voto por poder 14. Las intenciones electorales 15. El portavoz del gobierno
B
(a) La conférence au sommet **(b)** Le porte-parole du gouvernement **(c)** Les fonctions politiques **(d)** Le bulletin blanc **(e)** Le portefeuille ministériel **(f)** Le ministre des Finances **(g)** Les intentions de vote **(h)** Le vote par procuration **(i)** La raison d'État **(j)** La présidence du gouvernement **(k)** La question de confiance **(l)** Le conseil des ministres **(m)** Une élection au suffrage universel **(n)** Dépouiller le scrutin **(o)** Le scrutin à deux tours

3 Apprenez en lisant

Complétez les phrases suivantes à l'aide des mots fournis :
1. En España, ejercen el poder legislativo del Estado las Cortes Generales formadas por dos Cámaras, ... y el Congreso de los diputados **2.** ... : el poder legislativo, el poder ejecutivo y el poder judicial es uno de los principios de la democracia **3.** El poder legislativo de cada Comunidad Autónoma lo ejerce ...

(a) la separación de los poderes **(b)** el Parlamento Autonómico **(c)** el Senado

España : Una monarquía parlamentaria

Nombra

El Rey
(le roi nomme après consultation des forces parlementaires)

El Presidente del gobierno

Otorga su confianza

Las Cortes

El Congreso de los Diputados

El Senado

Los Senadores representan las C.C.A.A.

Las 17 Comunidades Autónomas (C.C.A.A.)

El Parlamento

Sufragio universal

NATURALEZA
LA GENTE
LA VIDA EN LA CIUDAD
SOCIEDAD
ECONOMÍA
CIENCIAS
UNAS CUANTAS NOCIONES

Religión y filosofía

El infierno está empedrado de buenas intenciones.

▬ Noms

▶ Dios	Dieu
el dios ; la diosa	le dieu ; la déesse
la mitología	la mythologie
el cielo	le ciel
el paraíso, la gloria	le paradis
el purgatorio	le purgatoire
el infierno	l'enfer
el más allá	l'au-delà
el ángel	l'ange
el ángel de la guardia, el ángel custodio	l'ange gardien
el diablo	le diable
el demonio	le démon
▶ el pecado	le péché
el alma	l'âme
la fe	la foi
▶ la secta	la secte
la creencia	la croyance
la doctrina	la doctrine
el cristianismo	le christianisme
el judaísmo	le judaïsme
el budismo	le bouddhisme
el islam	l'islam
el fiel ; el seguidor	le fidèle ; l'adepte
el integrista	l'intégriste
el fanático	le fanatique
el laico	le laïque
el ateo	l'athée
el librepensador	le libre penseur
▶ los ritos	les rites
las fiestas religiosas	les fêtes religieuses
la peregrinación	le pèlerinage
la misa	la messe
el sermón	le sermon
el bautismo	le baptême
la bendición	la bénédiction
la circuncisión	la circoncision
el templo	le temple

la iglesia	l'église
la capilla	la chapelle
la mezquita	la mosquée
la sinagoga	la synagogue
el clero	le clergé
el sacerdote	le prêtre
el párroco	le curé
el pastor	le pasteur
el fraile	le moine
la monja	la nonne, la sœur
el misionero	le missionnaire
▶ el filósofo	le philosophe
la sabiduría	la sagesse
el espíritu	l'esprit
la lógica, el razonamiento, el método	la logique, le raisonnement
la ética	l'éthique
la metafísica	la métaphysique
el misticismo	le mysticisme

▬ Adjectifs

santo	saint, sacré
religioso	religieux
divino	divin
místico	mystique
piadoso	pieux
fervoroso	fervent

▬ Verbes et expressions

ir a misa	aller à la messe
rezar, orar	prier
persignarse, santiguarse	faire le signe de la croix
arrepentirse	se repentir
confesarse	se confesser
predicar	prêcher
bendecir	bénir
pecar	pécher
profetizar	prophétiser

EXERCICES

◼ Conversion

Pour chaque mot souligné, trouvez un mot appartenant à une autre catégorie grammaticale.
Ex : Esperaban la bendición del cura.
la bendición (n) = *la bénédiction* → ben-decir (v) = *bénir*

1. Cristo fue crucificado **2.** Los Aztecas sacrificaban presos de guerra a sus dioses **3.** Están en completa adoración

◼ Synonyme

Trouvez un mot ou une expression de sens voisin.
1. el cura **2.** el monje **3.** sagrado **4.** pío **5.** ferviente

◼ Antonyme

Trouvez un mot ou une expression de sens opposé.
1. el laico **2.** el ángel **3.** el infierno **4.** terrestre, terrenal **5.** inmortal

◼ Construction

Trouvez le mot grammatical manquant.
1. No cree … ningún dios
2. Va a todos los domingos … misa
3. Se convirtió … budismo
4. El fundamentalismo está expandiéndose … el mundo musulmán
5. Subir … cielo o ir … infierno
6. El reino … los cielos

(a) por **(b)** en **(c)** a **(d)** de **(e)** al **(f)** al **(g)** al

◼ Identification

Trouvez les mots qui manquent dans le tableau suivant :

religión	el seguidor	lugar del culto
1. el budismo	…	el templo
2. …	cristiano	la iglesia
3. el islam	musulmán	…
4. el judaísmo	…	la sinagoga

◼ Expression

Retrouvez sept expressions à partir des deux listes :

1. Hablar   **(a)** de la Ceca a la Meca
2. Dios los cría   **(b)** que el papa
3. La misa   **(c)** y ellos se juntan
4. Ir   **(d)** del gallo
5. El hábito   **(e)** en cristiano
6. Ser más papista   **(f)** del sufrimiento
7. Apurar el cáliz   **(g)** no hace al monje

◼ Apprenez en lisant

Complétez les phrases suivantes à l'aide des mots fournis :

1. Los budistas creen en la … del espíritu
2. Son cinco los … del islam
3. Son siete los … capitales
4. Hizo … de castidad
5. La Inquisición española luchaba contra la …
6. Son cuatro las … mendicantes : los agustinos, los carmelitas, los dominicos y los franciscanos

(a) pilares **(b)** voto **(c)** la reencarnación **(d)** herejía **(e)** pecados **(f)** órdenes

¡ OJO !

El mártir, la mártir = le martyr, la martyre
El martirio = le martyre (la souffrance)

¡ OJO !

Un musulmán
Una musulmana
Los musulmanes

NATURALEZA
LA GENTE
LA VIDA EN LA CIUDAD
SOCIEDAD
ECONOMÍA
CIENCIAS
UNAS CUANTAS NOCIONES

El ejército y la guerra

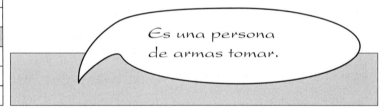

Es una persona de armas tomar.

▬ Noms

▶ el ejército	*l'armée*
el ejército de Tierra	*l'armée de terre*
el ejército del Aire	*l'armée de l'air*
el militar	*le militaire*
el soldado	*le soldat*
el teniente	*le lieutenant*
el coronel	*le colonel*
el mariscal	*le maréchal*
▶ la guerra	*la guerre*
el conflicto	*le conflit*
la batalla	*la bataille*
el combate	*le combat*
la tregua	*la trêve*
el alto el fuego	*le cessez-le-feu*
la paz	*la paix*
el desarme	*le désarmement*
la victoria	*la victoire*
la derrota	*la défaite*
el armisticio	*l'armistice*
▶ las armas (atómicas,	*les armes (atomiques,*
biológicas,	*biologiques,*
químicas)	*chimiques)*
la granada	*la grenade*
la bomba	*la bombe*
el obús	*l'obus*
el misil	*le missile*
el proyectil	*le projectile*
▶ la represión	*la répression*
el toque de queda	*le couvre-feu*
el combatiente	*le combattant*
el manifestante	*le manifestant*
el militante	*le militant*
el refugiado	*le réfugié*
la tortura	*la torture*
el derramamiento	*l'effusion de sang*
de sangre	
el terrorismo	*le terrorisme*
el guerrillero	*le guérillero*
el atentado con bomba	*l'attentat à la bombe*
el atentado con	*l'attentat à la*

coche bomba	*voiture piégée*
el atentado terrorista	*l'attentat terroriste*
la trampa	*le piège*
el coche-bomba	*la voiture piégée*

▬ Adjectifs

militar	*militaire*
civil	*civil*
desertor	*déserteur*
desaparecido	*disparu*
sangriento	*sanglant*
victorioso	*victorieux*

▬ Verbes et expressions

alistarse	*s'engager*
hacer la mili	*faire son service militaire*
declarar la guerra	*déclarer la guerre*
estallar	*éclater*
armarse	*s'armer*
desarmar	*désarmer*
bombardear	*bombarder*
atacar	*attaquer*
disparar	*tirer, faire feu*
caer bajo las balas	*tomber sous les balles*
invadir	*envahir*
ocupar	*occuper*
asaltar	*assaillir*
resistir	*résister*
vencer	*vaincre*
rendirse	*se rendre*
entregar	*remettre*
oprimir	*opprimer*
sublevarse	*se soulever*
fomentar	*fomenter*
amotinarse	*se mutiner*
huir	*fuir*
retener como rehén,	*prendre en otage*
secuestrar	
desviar un avión	*détourner un avion*

EXERCICES

1 Équivalent (1)

Trouvez l'équivalent français des mots ou expressions suivants :
1. el sargento 2. el regimiento 3. las fuerzas armadas 4. el general 5. el coronel 6. la tropa 7. la escuadra 8. la artillería 9. el tráfico de armas 10. el cañón 11. el arma nuclear 12. el militar de carrera 13. la disciplina 14. el objetor de conciencia 15. la guerra fría 16. la agresión 17. los ensayos nucleares 18. blindado 19. inspeccionar las tropas 20. estratégico 21. neutralizar

2 Synonyme

Trouvez un mot ou une expression de sens voisin.
1. la lucha 2. rendirse 3. la tregua 4. guerrero 5. invadir

3 Antonyme

Trouvez un mot ou une expression de sens opposé.
1. la paz 2. capitular 3. la carrera armamentista 4. la victoria 5. perder una batalla

4 Gradation

Classez-les selon leur grade, du plus gradé au moins gradé.
1. el coronel 2. el general 3. el ayudante (l'adjudant) 4. el subteniente (le sous-lieutenant) 5. el cabo (le caporal)

5 Équivalent (2)

Trouvez pour chaque expression de la première série sa traduction dans la seconde.
1. El soldado desconocido 2. El carro de asalto 3. La guerra sucia 4. Rendir el arma 5. La intentona golpista 6. El alto mando del ejército 7. Romper las hostilidades 8. La vida castrense 9. Tirar a quemarropa 10. Las armas de fuego

(a) Le haut commandement (b) Rendre les armes (c) La vie militaire (d) Le soldat inconnu (e) Ouvrir les hostilités (f) Le char d'assaut (g) La sale guerre (h) Les armes à feu (i) La tentative de coup d'État (j) Tirer à bout portant

6 Expression

Retrouvez huit expressions à partir des deux listes (A) puis retrouvez leur traduction (B).

A
1. Hacer	(a) las paces con alguien
2. Quemar	(b) por la paz
3. No hay	(c) a sangre y fuego
4. La marcha	(d) el último cartucho
5. Me	(e) enemigo pequeño
6. Meter	(f) el sitio
7. Batirse en	(g) rindo
8. Levantar	(h) retirada

B
(a) Il n'est si petit chat qui n'égratigne
(b) Je donne ma langue au chat
(c) La marche pour la paix
(d) Brûler sa dernière cartouche
(e) Battre en retraite
(f) Lever le siège
(g) Faire la paix avec quelqu'un
(h) Mettre à feu et à sang

ADIVINANZA
Por mi negra boca escupo,
mi garganta es un canuto.

– Tún, tún
– ¿ Quién es ?
– El sable del coronel
– Cierra la muralla.

Nicolás Guillén

¡ OJO !
La agresión (n)
Agredir (v)

69

NATURALEZA
LA GENTE
LA VIDA EN LA CIUDAD
SOCIEDAD
ECONOMÍA
CIENCIAS
UNAS CUANTAS NOCIONES

El colegio

Cada maestrillo tiene su librillo.

Noms

▶ la guardería infantil	la crèche
el colegio, la escuela, el cole	l'école
el centro docente	le centre d'enseignement
la escuela de párvulos	l'école maternelle
la escuela de primera enseñanza	l'école primaire
la escuela de segunda enseñanza	l'école secondaire
el instituto	le lycée
la escuela privada ; pública	l'école privée ; publique
el colegio de internos, el internado	l'internat
los gastos escolares	les frais de scolarité
▶ el alumno	l'élève
el colegial	l'écolier, le collégien, le lycéen
el empollón	le bûcheur
el preferido	le chouchou
el tontorrón, el mal estudiante	le cancre
la chuleta	l'antisèche
el cuerpo docente, el profesorado	le corps enseignant
el maestro, la maestra	le maître, la maîtresse ; l'instituteur, l'institutrice
el profesor	le professeur
el director	le directeur
▶ el aula	la salle de classe
la biblioteca	la bibliothèque
el laboratorio de idiomas	le laboratoire de langues
la cantina escolar	la cantine scolaire
el gimnasio	le gymnase
el campo deportivo	le terrain de sport
el patio de recreo	la cour de récréation
▶ el horario escolar	l'emploi du temps
la clase	le cours
el recreo	la récréation
el curso escolar	l'année scolaire
las vacaciones de verano	les grandes vacances

Adjectifs

público	public
de pago	payant
lectivo	scolaire
colegial	colégial
inteligente	intelligent
dotado	doué
listo	vif, intelligent
vivaracho	vif
atento	attentif
perezoso	paresseux
parlanchín	bavard
tonto	bête

Verbes et expressions

educar	éduquer
instruir	instruire
pasar lista	faire l'appel
levantar la mano	lever le doigt
dársele bien algo	être doué pour qqch.
castigar	punir
suspender a alguien, catear a alguien (fam.)	recaler qqn., coller qqn.
repetir	redoubler
hacer novillos	faire l'école buissonnière

EXERCICES

1 Synonyme

Trouvez un mot ou une expression de sens voisin.
1. escolar 2. listo 3. suspender a alguien 4. instruir 5. la clase 6. vago, haragán, holgazán

2 Antonyme

Trouvez un mot ou une expression de sens opposé.
1. distraído 2. indisciplinado 3. estudioso (appliqué) 4. aprobar (tal clase) 5. la escuela pública

3 Classement

Classez ces appréciations de la plus à la moins positive :
1. sobresaliente 2. insuficiente 3. notable 4. suficiente

4 Définition

Trouvez pour chaque élément de la première série sa définition dans la seconde.
1. el día lectivo
2. el jardín de infancia
3. el alumno
4. el recreo
5. el empollón
6. el aula
7. perezoso

(a) Es el lugar donde se dan las clases
(b) Es el niño o adolescente que va al colegio
(c) Es el alumno que estudia mucho, que se quema las cejas de tanto estudiar ; a veces, sus compañeros de clase lo odian
(d) Son los días en que los niños van al colegio
(e) Es el lugar que acoge a los niños pequeñitos antes de que vayan al cole
(f) Es el alumno que no tiene mucha voluntad, al que le cuesta estudiar
(g) Es el momento de descanso para los alumnos. Pueden salir al patio a jugar, a charlar etc.

CHARLANDO
Al salir del cole, le preguntó una viejecita a una niña qué le gustaría ser de mayor.
– Quisiera ser azafata, contestó la niña.

¡ OJO !

– el cole (fam.)
– el profe
– el dire (le dirlo)
– el boli (el bolígrafo)
– catear a alguien (recaler qqn.)

¡QUISIERA SER AZAFATA!

71

NATURALEZA

LA GENTE

LA VIDA EN LA CIUDAD

SOCIEDAD

ECONOMÍA

CIENCIAS

UNAS CUANTAS NOCIONES

¿ Qué estudias ?

Saber algo
de carretilla.

▰▰ Noms

▶ el programa escolar	*le programme scolaire*
la sección común	*le tronc commun*
la asignatura, la disciplina	*la matière, la discipline*
las matemáticas	*les mathématiques*
la álgebra	*l'algèbre*
la química	*la chimie*
la física	*la physique*
las ciencias naturales	*les sciences naturelles*
la biología	*la biologie*
la historia	*l'histoire*
la geografía	*la géographie*
el latín	*le latin*
el griego	*le grec*
las lenguas muertas	*les langues mortes, anciennes*
las lenguas vivas, los idiomas	*les langues vivantes*
la ortografía	*l'orthographe*
la literatura	*les lettres, la littérature*
la música	*la musique*
el dibujo	*le dessin*
la educación física	*l'éducation physique*
las prácticas	*les travaux pratiques*
los deberes, las tareas escolares	*les devoirs*
el examen de ingreso	*l'examen d'entrée*
▶ el aula	*la salle de classe*
la pizarra, el encerado	*le tableau*
la tiza	*la craie*
la esponja	*l'éponge*
la tarima	*l'estrade*
el mapa	*la carte*
el retroproyector	*le rétroprojecteur*
el proyector de diapositivas	*le projecteur de diapositives*
la carpeta	*la chemise*
el cuaderno	*le cahier*
el borrador	*le cahier de brouillon*
la libreta, el cuadernillo	*le carnet*
el libro de textos	*le manuel scolaire*
el diccionario	*le dictionnaire*
la calculadora	*la calculatrice*
la cartera	*le cartable*
el estuche	*la trousse*
el bolígrafo	*le stylo-bille*
el rotulador	*le feutre*
la pluma	*le stylo à plume*
el lápiz	*le crayon*
el sacapuntas	*le taille-crayon*
la cola ; la tinta	*la colle ; l'encre*
el compás	*le compas*
el clip	*le trombone*
la goma	*la gomme*
la regla	*la règle*
la grapadora	*l'agrafeuse*

▰▰ Adjectifs

analfabeto, iletrado	*analphabète, illettré*

▰▰ Verbes et expressions

enseñar	*enseigner*
aprender de memoria	*apprendre par cœur*
saber de carretilla	*savoir par cœur*
saber al dedillo	*savoir sur le bout des doigts*
repasar	*réviser*
tomar apuntes	*prendre des notes*
salir a la pizarra	*passer au tableau*
sacar buenas notas	*obtenir de bonnes notes*
examinarse, sufrir un examen	*passer un examen*
aprobar un examen	*réussir à un examen*
ser suspendido en un examen	*échouer à un examen*
corregir	*corriger*
poner nota	*noter*

1 Conversion

Pour chaque mot souligné, trouvez un mot appartenant à une autre catégorie grammaticale.
Ex. : El derecho a la educación es uno de los derechos fundamentales del niño.
la educación (n) = *l'éducation* → educar (v) = *éduquer*

1. Se dieron cuenta de que ese niño jamás había sido escolarizado
2. Son unos colegiales muy alegres
3. Tiene usted que traerme la fotocopia de su diploma, por favor, para mañana por la mañana

2 Dérivation

Trouvez des mots dérivés des mots suivants :
1. la escolaridad **2.** instruir **3.** las correcciones **4.** el cálculo **5.** el examinador **6.** el repaso (de una lección) **7.** un biólogo **8.** el aprendizaje

3 Synonyme

Trouvez un mot ou une expression de sens voisin.
1. saber de memoria **2.** analfabeto **3.** el cuadernillo **4.** educar **5.** la gimnasia **6.** el encerado

4 Antonyme

Trouvez un mot ou une expression de sens opposé.
1. ignorar **2.** ser suspendido en un examen **3.** una asignatura optativa **4.** sacar malas notas

5 Définition

Trouvez pour chaque élément de la première série sa définition dans la seconde.
1. el estuche **2.** la tiza **3.** el sacapuntas **4.** el diccionario **5.** el borrador

(a) Se busca en él las palabras desconocidas o su sentido exacto
(b) Es mejor utilizarlo antes de pasar en limpio lo que se ha escrito
(c) Es lo que utiliza el profesor para escribir en la pizarra
(d) Se utiliza cuando ya no escribe un lápiz
(e) Sirve para guardar todos los lápices y bolígrafos

CHARLANDO

– Me encantan las matemáticas, me chifla la geografía, la historia me interesa pero ... en inglés, estoy pez ...
– ¿ Te catearon el año pasado ?
– Bueno, me suspendieron en junio pero aprobé en septiembre. Estuve en una academia ... Aprobé por fin, pero pasé un mes de agosto fatal.
– Y si fueras a Inglaterra una temporada...
– ¡ Ni hablar !
– Pues, te saldrían mejor los exámenes.

¡ OJO !

Aprender → los alumnos
A este alumno le cuesta mucho aprender el latín.
Enseñar → los profesores
Este profesor de literatura enseña de maravilla.

DATOS ÚTILES

1492 : Cristóbal Colón descubre América
1936 : Pronunciamiento militar, empieza la guerra civil
1939 : Acaba la guerra civil, dictadura de Franco
1975 : Muerte de Franco. Juan Carlos I es proclamado rey de España
1978 : Promulgación de la nueva constitución española

NATURALEZA

LA GENTE

LA VIDA EN LA CIUDAD

SOCIEDAD

ECONOMÍA

CIENCIAS

UNAS CUANTAS NOCIONES

Después del instituto

La letra con sangre se enseña.

▬ Noms

▶ la enseñanza — *l'enseignement*
  superior — *supérieur*
la universidad — *l'université*
la facultad — *la faculté*
el rector — *le recteur*
el decano — *le doyen*
el catedrático — *le professeur d'université (ou de lycée)*
la cátedra — *la chaire*
el universitario — *l'universitaire*
el estudioso del Siglo de Oro — *le spécialiste du Siècle d'Or*
la clase ex cátedra — *le cours magistral*
el estudiante — *l'étudiant*
la beca — *la bourse*
la tesis — *la thèse*
el doctorado — *le doctorat*
la oposición — *le concours*
▶ los anuncios por palabras — *les petites annonces*
el candidato (para un puesto) — *le candidat (à un poste)*
▶ el trabajo, el empleo — *le travail, l'emploi*
el oficio — *le métier*
el trabajo manual — *le travail manuel*
el artesano — *l'artisan*
el mecánico — *le mécanicien*
el basurero — *l'éboueur*
el bombero — *le pompier*
el carpintero — *le menuisier*
el fontanero — *le plombier*
el comercio — *le commerce*
la panadería — *la boulangerie*
la carnicería — *la boucherie*
las profesiones liberales — *les professions libérales*
el abogado — *l'avocat*
el jurista — *l'homme de loi, le juriste*

el perito tasador — *le commissaire-priseur*
el notario — *le notaire*
el arquitecto — *l'architecte*
el médico — *le médecin*
el dentista — *le dentiste*
el veterinario — *le vétérinaire*
el ingeniero — *l'ingénieur*
el investigador — *le chercheur*
la carrera — *la carrière, les études*
el viaje de fin de carrera — *le voyage de fin d'études*

▬ Adjectifs

matriculado — *inscrit*
culto — *cultivé*
erudito — *érudit*
distraído — *distrait*
ambicioso — *ambitieux*
graduado (en la Universidad) — *diplômé (de l'université)*
experimentado — *expérimenté*

▬ Verbes et expressions

ingresar (en la Universidad) — *entrer (à l'université)*
matricularse — *s'inscrire à l'université*
estudiar para — *faire des études de*
cursar (en la Complutense) — *faire ses études (à la Complutense)*
cursar Medicina — *faire sa médecine*
conseguir una beca — *obtenir une bourse*
hacer la carrera de periodismo — *faire des études de journalisme*
graduarse de — *être reçu à*
dar clase, impartir clases — *faire cours, donner des cours*
nombrar — *nommer*
contratar — *recruter*
ejercer un oficio — *exercer un métier*
ejercer la medicina — *exercer la médecine*

EXERCICES

1 Conversion

Pour chaque mot souligné, trouvez un mot appartenant à une autre catégorie grammaticale.
Ex. : Este año está <u>cursando</u> filología francesa en la Complutense de Madrid.
cursar (v) = *faire ses études de* → el curso (académico) (n) = *l'année universitaire*

1. <u>Se examinará</u> de francés el mes que viene 2. Es <u>licenciado</u> en filosofía y letras 3. Se cumplió su sueño de niño : graduarse de <u>doctorado</u> 4. No ha acabado aún su tesina : le falta <u>corregir</u> todavía algunas cosas

2 Dérivation

Trouvez des mots dérivés des mots suivants :
1. universitario 2. la erudición 3. graduarse 4. el doctorado 5. becario 6. la ambición

3 Expression

Retrouvez huit expressions à partir des deux listes :
1. Dar   (a) trabajo
2. Trabajar   (b) una carrera
3. Buscar   (c) una carrera
4. Ejercer   (d) clase
5. Estudiar   (e) en la universidad

6. Abrazar   (f) un oficio
7. Ingresar   (g) un puesto
8. Conseguir   (h) de intérprete

4 Construction

Trouvez le mot grammatical manquant.
1. Estaba trabajando ... traductor en una gran empresa americana 2. Estudia ... abogado 3. Cursaron literatura española ... Alcalá 4. Ese profesor imparte ... clases de geología los martes y los viernes de 6 a 8 de la tarde

(a) para (b) Ø (c) de (d) en

5 Définition

Trouvez pour chaque élément de la première série sa définition dans la seconde.
1. el opositor a una cátedra 2. el cate-drático 3. la facultad 4. el estudioso de algún tema

(a) Es el profesor que se dedica al estu-dio de un tema en particular (b) Es el profesor que da clases en una universidad o en un instituto (c) Es la persona que se prepara para sacar la oposición a una cátedra (d) Cada universidad se compone de varias de ellas : la de Ciencias, la de Ciencias políticas, la de Filosofía y Letras etc.

El sistema educativo español

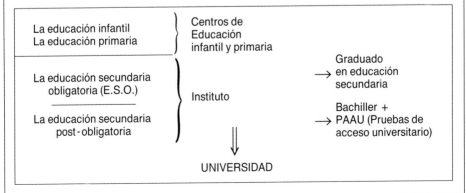

NATURALEZA
LA GENTE
LA VIDA EN LA CIUDAD
SOCIEDAD
ECONOMÍA
CIENCIAS
UNAS CUANTAS NOCIONES

El lenguaje oral

Las palabras se las lleva el viento.

■■■ Noms

▶ la voz	*la voix*
la lengua	*la langue*
las cuerdas vocales	*les cordes vocales*
la conversación	*la conversation*
el coloquio	*le colloque*
la charla	*la causerie*
el discurso	*le discours*
el cotilleo, el chisme	*le potin*
los chismes, los cuentos	*les ragots*
la habladuría	*le cancan*
el rumor ; el orador	*la rumeur ; l'orateur*
el hispanohablante	*l'hispanophone*
▶ el idioma, la lengua	*la langue*
el dialecto	*le dialecte*
el habla	*le parler*
el argot	*l'argot*
la jerga	*le jargon*
el balbuceo, la media lengua	*le babil*
la lengua materna, nativa	*la langue maternelle*
el idioma extranjero	*la langue étrangère*
el acento	*l'accent*
▶ el alfabeto, el abecedario	*l'alphabet*
los fonemas	*les phonèmes*
el trabalenguas	*l'allitération*

■■■ Adjectifs

(el lenguaje) culto	*(le langage) cultivé*
coloquial	*familier*
grosero ; literario	*grossier ; littéraire*
taciturno ; mudo	*taciturne ; muet*
callado	*silencieux, réservé*
hablador, parlanchín	*bavard*
verboso	*verbeux*
elocuente	*éloquent*
locuaz ; bilingüe	*locace ; bilingue*
lenguaraz	*polyglotte*
aguda	*aiguë, perçante*
fuerte, potente	*forte*

grave	*grave*
tomada	*enrouée, prise*
ronca ; afónico	*rauque ; aphone*
monocorde	*monocorde*

■■■ Verbes et expressions

hablar ; callar	*parler ; se taire*
decir ; contar	*dire ; raconter*
mentir ; meter cuentos	*mentir ; raconter des histoires*
charlar	*bavarder*
interrumpir	*interrompre*
hablar de trapos	*parler chiffons*
darle a la lengua	*être un moulin à paroles*
discutir ; debatir	*discuter ; débattre*
predicar	*prêcher*
decir mentira para sacar verdad	*prêcher le faux pour savoir le vrai*
cecear	*zézayer*
tartamudear	*bégayer*
cuchichear, bisbisear	*chuchoter*
refunfuñar	*marmonner*
lloriquear	*pleurnicher*
gritar, chillar	*crier*
dar un grito	*pousser un cri*
vociferar ; pronunciar	*hurler ; prononcer*
deletrear una palabra	*épeler un mot*
silabear	*parler en détachant les syllabes*
chapurrear	*baragouiner*
hablar con soltura	*parler avec aisance*
dominar una lengua	*bien posséder une langue*
hablar de perlas	*parler merveilleusement bien*
tener mucha labia	*avoir du bagout*
hablar clara y llanamente	*parler clair et net*
sonarle a alguien algo	*dire qqch., être familier*
tener una palabra en la punta de la lengua	*avoir un mot sur le bout de la langue*

EXERCICES

1 Définition (1)

Trouvez dans la seconde série le verbe qui correspond à l'idée exprimée dans les phrases de la première série.
– Cuando una persona :
1. Habla con grandes voces **2.** No puede hablar seguido **3.** Habla en voz baja **4.** Habla sin parar **5.** Habla sin pensar y sin reflexionar **6.** Habla amistosamente con otra **7.** No habla bien un idioma **8.** Habla mal de personas y de cosas

– es que está…
(a) conversando **(b)** susurrando **(c)** voceando **(d)** denigrando **(e)** hablando a tontas y a locas **(f)** hablando por los codos **(g)** chapurreando **(h)** tartamudeando

2 Synonyme

Trouvez un ou deux synonymes pour chacun des verbes suivants :
1. vocear   **2.** denigrar   **3.** conversar
4. susurrar   **5.** bisbisear

3 Définition (2)

Trouvez pour chaque expression de la première série sa définition dans la seconde.
1. Hablar como un libro **2.** Hablar como un papagayo **3.** Hablar con tiento **4.** Hablar de mentirijillas **5.** Hablar sin ton ni son **6.** Hablar sin rodeos

(a) Es hablar mucho y sin substancia **(b)** Es hablar por hablar **(c)** Es hablar claro **(d)** Es hablar para engañar, por broma **(e)** Es hablar muy bien **(f)** Es hablar con tacto

4 Antonyme (3)

Trouvez un mot ou une expression de sens opposé.
1. hablar **2.** hablar un idioma perfectamente **3.** hablar en voz alta **4.** aguda (voz)

5 Expression

Retrouvez trois expressions à partir des deux listes :

1. Del dicho al hecho… (il est plus facile de dire que de faire) — **(a)** hay mucho trecho

2. Dicho y… (aussitôt dit, aussitôt fait) — **(b)** no cuesta dinero

3. El hablar bien… (jamais beau parler n'écorche la langue) — **(c)** hecho

---

¡ OJO !

Las Letras

La a, la e, la o, la u, la i son vocales.
La efe, la ge, la hache, la equis son consonantes.

¡ OJO !

¡ A callar !   Silence !

¡NO GRITES! NO VES QUE NO ESTÁ SORDO… ES QUE NO ENTIENDE EL CASTELLANO.

EL LENGUAJE ORAL.

NATURALEZA
LA GENTE
LA VIDA EN LA CIUDAD
SOCIEDAD
ECONOMÍA
CIENCIAS
UNAS CUANTAS NOCIONES

Llamar por teléfono y escribir

Escribir a vuelta de correo.

■ Noms

▶ el abonado — *l'abonné*
el número de teléfono — *le numéro de téléphone*
la guía de teléfonos, la guía telefónica (llamar a) información — *l'annuaire téléphonique (appeler) les renseignements*
la señal de llamada — *la tonalité*
la telefonista — *la standardiste*
la centralita telefónica — *le standard téléphonique*
la cabina telefónica, el locutorio — *la cabine téléphonique*
la tarjeta telefónica — *la carte de téléphone*
la conferencia interurbana — *la communication interurbaine*
el número equivocado — *le faux numéro*
el contestador automático — *le répondeur automatique*
el teléfono móvil — *le téléphone mobile (le portable)*
el teléfono inalámbrico — *le téléphone sans fil*

▶ la carta (certificada) — *la lettre (recommandée)*
el christmas, la postal navideña — *la carte de Noël*
el remitente — *l'expéditeur*
el correo — *le courrier*
el correo aéreo — *la poste aérienne*
el cartero ; la saca — *le facteur ; la sacoche*
las horas de recogida — *les heures de levées*
la Administración de Correos — *l'administration des Postes*
correos, la estafeta de correos — *le bureau de poste*
la ventanilla — *le guichet*
el buzón — *la boîte aux lettres*
la máquina de escribir — *la machine à écrire*

el programa de procesamiento, de textos — *le logiciel de traitement de textes*
la escritura — *l'écriture*
el manuscrito — *le manuscrit*

■ Adjectifs

libre ; ocupado — *libre ; occupé*
legible, leíble — *lisible*
incomprensible — *incompréhensible*

■ Verbes et expressions

llamar por teléfono, telefonear — *téléphoner*
llamar a alguien — *appeler qqn.*
dar una llamada telefónica, un telefonazo — *passer un coup de fil*
estar en comunicación telefónica con alguien — *avoir qqn. au bout du fil*
llamar a cobro revertido — *appeler en P.C.V.*
descolgar, coger el teléfono — *décrocher*
colgar — *raccrocher*
marcar — *composer (un numéro de tél.)*
ponerse al teléfono — *répondre (au tél.)*
dajar un mensaje en el contestador — *laisser un message sur le répondeur*
escribir a máquina — *taper à la machine*
enviar, mandar un e-mail — *envoyer un e-mail (un courriel)*
telecopiar, mandar por fax — *télécopier, envoyer un fax*
poner un telegrama — *expédier un télégramme*
mandarle un telegrama a alguien — *envoyer un télégramme à qqn.*
garrapatear — *gribouiller*
escrito con faltas de ortografía — *mal orthographié*

1 Équivalent

Trouvez l'équivalent français des expressions ou des mots suivants :
1. los medios de comunicación 2. transmitir información 3. el código postal 4. la postal, la tarjeta 5. el destinatario 6. el aparato telefónico 7. la línea

2 Conversion

Pour chaque mot souligné, trouvez un mot appartenant à une autre catégorie grammaticale.
Ex. : Tienes que escribir a máquina una carta urgente
escribir a máquina (v) = *taper* → una mecanógrafa (n) = *une dactylo(graphe)*

1. Necesito un sello para Bolivia 2. Estos paquetes deben llevar un franqueo de 0,75 euros 3. Como no estaba, dejé un mensaje en el contestador automático

3 Expression

Retrouvez la traduction des expressions suivantes :

1. Estar hablando por teléfono	(a) Envoyer un colis, un paquet contre remboursement
2. Mandar un paquete postal contra reembolso	(b) Composer l'indicatif
3. Redactar el correo	(c) Écrire poste restante
4. Escribir a la lista de correos	(d) Être au téléphone
5. El apartado de correos	(e) Faire le courrier
6. Marcar el prefijo	(f) Envoyer par la poste
7. Mandar por correo	(g) La boîte postale
8. Franqueo concertado	(h) Dispensé du timbrage
9. Escribir cuatro letras, unas letras (fam.)	(i) Poster une lettre
10. Echar una carta al correo, al buzón	(j) Écrire quelques mots

4 Déduction (1)

Reconstituez la conversation téléphonique suivante :
1. Ahora mismo le aviso. Espere un momentito que le pongo con el Señor Rivas 2. ¿ De parte de quién ? 3. ¡ Dígame ! 4. Somos la agencia de Viajes « el Trotamundos » 5. Quisiera hablar con el Señor Rivas

5 Déduction (2)

Trouvez dans la liste A une question qui correspond à une réponse dans la liste B.
A
1. ¿ No te habrás equivocado al marcar el número de teléfono ? 2. ¿ Te da la señal de llamada ? 3. ¿ Has marcado el prefijo para Madrid ? 4. ¿ Pusiste la conferencia a Valencia ? 5. ¿ Conseguiste llamar a tu abuela ? 6. ¿ Dejaste un mensaje en el contestador automático ?
B
(a) pues, no (b) sí, le dije que nos llamara cuanto antes mejor (c) no pude porque estaban las líneas cargadas (d) creo que no me sale el número porque lo tengo equivocado (e) no, porque la cabina se tragaba las monedas (f) sí, pero está comunicando

6 Construction

Trouvez le mot grammatical manquant.
1. Lleva más de diez años carteándose... una peruana 2. Tenemos que recibir ... correo un paquete (postal) 3. Se dirigió al empleado ... correos 4. Ya fui ... correos

(a) a (b) con (c) por (d) de

¡ OJO !

– ¿ Oiga ? (el que llama)
– ¡ Diga ! (el que contesta)
– ¡ Dígame !

Les américanismes :
el sello = la estampilla = le timbre
el sobre = la cubierta = l'enveloppe

Televisión

La televisión : ¿ caja tonta o instrumento de cultura ?

▰ Noms

► el televisor — *le téléviseur, le poste de télévision*

la televisión, la tele — *la télévision, la télé*
la pequeña pantalla — *le petit écran*
la televisión en blanco y negro — *la télévision en noir et blanc*
la televisión en colores — *la télévision en couleurs*
el mando a distancia — *la télécommande*
el vídeo — *le magnétoscope*
la cinta de vídeo, el videocassette — *la cassette vidéo*
la antena — *l'antenne*
la antena parabólica — *l'antenne parabolique*
la cadena, el canal — *la chaîne*

► la televisión por cable — *la télévision par câble*
la television vía satélite, por satélite — *la télévision par satellite*
la televisión de pago, de abonados — *la télévision à péage*

► el espacio, el programa — *l'émission*
la repetición, la reposición — *la rediffusion*
el telediario — *le journal télévisé*
el avance informativo — *le flash d'information*
las noticias — *les informations*
la serie, el serial — *la série*
la teleserie — *la série télévisée*
la telenovela — *le feuilleton télévisé*
el culebrón — *le feuilleton fleuve*
el episodio, el capítulo — *l'épisode*
el concurso — *le jeu télévisé*
la publicidad — *la publicité*
el anuncio, el « spot » — *le spot publicitaire*
el corte publicitario — *la coupure publicitaire*

► el televidente — *le téléspectateur*
el público — *le public*

el seguidor (de un programa) — *l'adepte, le fan (d'une émission)*
el locutor — *le présentateur, le speaker*
el moderador (de un debate) — *l'animateur (d'un débat)*
el concursante — *le participant à une émission*

▰ Adjectifs

► televisivo — *propre à la télévision*
televisado — *télévisé*
teleadicto — *fana, mordu de télé*

► objetivo — *objectif*
partidario — *orienté, partisan*
parcial — *partial*
tendencioso — *tendancieux*
violento — *violent*
aburrido — *ennuyeux*

▰ Verbes et expressions

televisar (la transmisión) — *téléviser (la diffusion)*
  en directo ; — *en direct ;*
  en diferido — *en différé*
retransmitir — *retransmettre*
emitir — *diffuser*
tener televisión — *avoir la télévision*
ver en la televisión — *voir à la télévision*
salir por la televisión — *passer à l'antenne*
salir en televisión — *passer à la télévision*
¿ Qué echan en televisión esta noche ? — *Qu'est-ce qu'il y a à la télé, ce soir ?*
ver la tele(visión) — *regarder la télévision*

¡ OJO !

Ver/Mirar
Ver la televisión

EXERCICES

1 Équivalent

Trouvez l'équivalent français des expressions ou mots suivants :
1. televisual 2. la opinión pública 3. la manipulación 4. el volumen 5. la pausa publicitaria

2 Conversion

Pour chaque mot souligné, trouvez un mot appartenant à une autre catégorie grammaticale.
Ex. : Intentaron manipular la opinión pública.
manipular (v) = *manipuler* → la manipulación (n) = *la manipulation*

1. TVE va a retransmitir el partido de fútbol de la Copa de Europa 2. El moderador del programa puso sobre el tapete el problema de la deuda pública 3. El concursante se puso en ridiculo al hablar de sus problemas personales 4. Nos machacaron con la misma información toda la noche

3 Synonyme

Trouvez un mot ou une expression de sens voisin.
1. telespectador 2. el presentador 3. el canal 4. imparcial

4 Antonyme

Trouvez un mot ou une expression de sens opposé.
1. la cadena privada 2. neutro 3. interesante 4. encender la tele

5 Construction

Trouvez le mot grammatical manquant.
1. Como no nos gustaba el programa, cambiamos ... cadena 2. Es un presentador que ejerce mucha influencia ... el público 3. Se pasa horas y horas ... al televisor 4. Fue un debate televiso ... directo muy interesante 5. Va a salir ... televisión el locutor de la semana pasada

(a) en (b) de (c) sobre (d) frente (e) por

6 Expression

Retrouvez la traduction des expressions suivantes :
1. El índice de audiencia   (a) Le paysage médiatique
2. El panorama audiovisual   (b) Le tube cathodique
3. La cadena pública   (c) La chaîne publique
4. El tubo de rayos catódicos   (d) Le taux d'écoute, l'audimat
5. La mesa redonda   (e) Les sources d'information
6. Las fuentes de información   (f) La table ronde

7 Définition

Trouvez pour chaque élément de la première série sa définition dans la seconde.
1. hacer zapping 2. el corresponsal 3. el avance de programación

(a) es el periodista que está en un país extranjero y desde allí manda informaciones (b) es la presentación muy breve de un programa o de una película (c) es el hecho de cambiar de canal con mucha frecuencia

TELEVISIÓN

NATURALEZA
LA GENTE
LA VIDA EN LA CIUDAD
SOCIEDAD
ECONOMÍA
CIENCIAS
UNAS CUANTAS NOCIONES

Prensa y radio

Estar en la onda.

▬ Noms

▶ el periódico, el diario — *le journal, le quotidien*
el periodicucho — *le canard, la feuille de chou*
el periódico de la mañana, de la tarde — *le journal du matin, du soir*
el semanario — *l'hebdomadaire*
el suplemento semanal — *le supplément hebdomadaire*
la revista — *la revue, le magazine*
la revista ilustrada — *le magazine illustré*
los semanarios de información — *les hebdomadaires d'information*
la revista sensacionalista — *le journal à scandale, à sensation*
la tirada — *le tirage*
▶ el redactor — *le rédacteur*
el periodista — *le journaliste*
el editorialista — *l'éditorialiste*
el columnista — *le chroniqueur*
el gacetillero — *l'échotier*
el quiosco — *le kiosque*
▶ los titulares, los títulos — *les gros titres*
la entradella — *le sous-titre, le « chapeau »*
la primera plana — *la une*
la cabecera — *la manchette*
el recuadro — *l'entrefilet*
la información — *l'information*
el artículo periodístico — *l'article de journal*
el artículo de opinión, de fondo — *l'article de fond*
el editorial — *l'éditorial*
el suceso — *le fait divers*
los anuncios (por palabras) — *les petites annonces*
las páginas económicas — *les pages économiques*
la sección de política — *la rubrique politique*
las notas de — *les nouvelles*

sociedad, los ecos de sociedad — *mondaines, le carnet mondain*
la libertad de imprenta — *la liberté d'imprimer*
la calumnia — *la calomnie*
▶ la radio, el aparato de radio — *la radio, le poste de radio*
la emisora de radio — *la station de radio*
el espacio radiofónico — *l'émission, le programme*
la longitud de onda — *la longueur d'onde*
la onda corta, media, larga — *les ondes courtes, moyennes, les grandes ondes*
la frecuencia modulada — *la modulation de fréquence, la FM*
los oyentes, los radioyentes — *les auditeurs*

▬ Adjectifs

difamatorio — *diffamatoire*
sensacionalista — *à sensation*

▬ Verbes et expressions

en primera plana — *en première page, à la une*
censurar — *censurer*
editar, publicar — *éditer*
suscribirse, subscribirse — *s'abonner*
radiar — *retransmettre, radiodiffuser*
buscar la sintonía — *rechercher la station*
sintonizar una emisora — *capter, recevoir une station*
encender, conectar, poner — *allumer, mettre la radio*
apagar la radio — *éteindre la radio*
disminuir, bajar ; aumentar, subir el volumen de la radio — *baisser ; monter le volume de la radio*
entrevistar — *faire une interview*

EXERCICES

1 Conversion

Pour chaque mot souligné, trouvez un mot appartenant à une autre catégorie grammaticale.
Ex. : Avisaron a cada <u>suscriptor</u> por carta.
el suscriptor (n) = *l'abonné* → la suscripción (n) = *l'abonnement* ;
suscribirse a un periódico (v) = *s'abonner à un journal*

1. La cadena radiofónica SER <u>emitirá</u> un programa de música en estéreo.
2. <u>El redactor</u> decidió no dar la información sobre la huelga general, en primera plana, a sus lectores.

2 Synonyme

Trouvez un mot ou une expression de sens voisin.
1. El diario 2. el cronista 3. la cadena de radio

3 Antonyme

Trouvez un mot ou une expression de sens opposé.
1. la libertad de la prensa 2. la noticia trillada, cacareada

4 Équivalent (1)

Trouvez l'équivalent français des mots suivants :
1. el articulista 2. el redactor jefe 3. el corresponsal de periódico 4. la crónica 5. la prensa del corazón 6. la libertad de la prensa 7. el reportero 8. la agencia de prensa

5 Équivalent (2)

Trouvez l'équivalent français des expressions suivantes :
1. La rueda de prensa 2. La sección de sucesos 3. La sintonía de un programa 4. El boletín informativo 5. El comentario a vuela pluma 6. Sintonizan ustedes con radio X

(a) L'indicatif d'une émission (b) Le commentaire au courant de la plume (c) La conférence de presse (d) Vous êtes à l'écoute de radio X (e) La rubrique des chiens écrasés (f) Le bulletin d'informations

6 Identification

Retrouvez parmi les six titres les journaux nationaux (a) et les journaux régionaux (b).
1. El País 2. La Vanguardia 3. El ABC 4. La Voz de Galicia 5. El Heraldo de Aragón 6. El Mundo

7 Apprenez en lisant

Complétez les phrases suivantes à l'aide des mots fournis.
1. Nuestra revista presenta esta semana una... con el secretario general del partido socialista.
2. Estamos emitiendo en...
3. La mayoría de los periódicos tienen una ... de menos de un millón.

(a) una tirada (b) una entrevista (c) onda larga

¡ OJO !

Un periodic<u>ucho</u>
Un libr<u>ote</u>
Un notici<u>ón</u>

DATOS ÚTILES
La difusión de la prensa en España

	Diarios	Revistas
1.	Marca	Canal + (mensual)
2.	El País	Pronto (semanal)
3.	ABC	Hola (semanal)
4.	El Mundo	Cambio (semanal)

NATURALEZA
LA GENTE
LA VIDA EN LA CIUDAD
SOCIEDAD
ECONOMÍA
CIENCIAS
UNAS CUANTAS NOCIONES

El ocio

La ociosidad es madre de todos los vicios.

▬ Noms

▶ el ocio, el tiempo libre — *les loisirs, le temps libre*
los ratos de ocio — *les moments de loisir*
el tiempo libre, los ratos libres — *le temps libre*
el pasatiempo, el entretenimiento — *le passe-temps*
el hobby, el entretenimiento — *le hobby*
la distracción — *le loisir, l'activité loisirs*
el fin de semana — *le week-end*
el bricolaje, el bricolage — *le bricolage*

▶ la costura — *la couture*
la máquina de coser — *la machine à coudre*
las tijeras — *la paire de ciseaux*
la tela — *le tissu*
la aguja — *l'aiguille*
el hilo — *le fil*

▶ la jardinería — *le jardinage*
el invernadero — *la serre*
el jardín — *le jardin*
el huerto — *le jardin potager*
el vergel, el huerto — *le verger*

▶ la filatelia — *la philatélie*
el filatelista — *le philatéliste*
el coleccionista — *le collectionneur*
el numismático — *le numismate*
las antigüedades — *les antiquités*
el anticuario, la tienda de antigüedades — *le magasin d'antiquités*
el copeo — *la tournée des cafés*

▶ la fotografía, la foto — *la photographie, la photo*
el fotógrafo — *le photographe*
la diapositiva — *la diapositive*
la máquina (de fotografías), la cámara (fotográfica) — *l'appareil photo*

la cámara — *la caméra*
la cámara de vídeo, la videocámara — *le caméscope*
el revelado — *le développement*

▶ el juguete — *le jouet*
la muñeca — *la poupée*
el rompecabezas, el puzzle — *le casse-tête, le puzzle*
las canicas — *les billes*
la comba, el cordel, la cuerda — *la corde*
la cometa — *le cerf-volant*

▬ Adjectifs

entretenido — *distrayant ; délassant*
(niño) juguetón — *(enfant) joueur*

▬ Verbes et expressions

apasionarse por — *se passionner pour*
estar loco por algo — *être fou de qqch.*
interesarse por — *s'intéresser à*
solazarse con, distraerse — *se distraire*
tumbarse a la bartola — *se la couler douce, ne pas s'en faire*
bordar — *broder*
hacer punto — *tricoter*
chapucear, hacer pequeños trabajos — *bricoler, faire des bricoles*
cortar el césped — *tondre la pelouse*
regar — *arroser*
plantar — *planter*
sembrar — *semer*
dedicarse a la foto (grafía) — *faire de la photo*
sacar fotos — *prendre des photos*
revelar — *développer*
coleccionar — *collectionner*
hacer crucigramas, palabras cruzadas — *faire des mots-croisés*

EXERCICES

1 Conversion

Pour chaque mot souligné, trouvez un mot appartenant à une autre catégorie grammaticale.
Ex. : No soportaba la ociosidad de aquella gente.
la ociosidad (n) = *l'oisiveté* → ocioso (adj.) = *oisif*

1. Estuvo enseñándome su maravillosa colección
2. Le encanta ir a bailar
3. Eres muy aficionado al copeo
4. Están jugando al escondite en este castillo en ruinas

2 Construction

Trouvez le mot grammatical manquant.
1. Se apasiona ... los libros de caballería
2. Están locos ... los coches de colección
3. Me da la impresión de que tenéis muchísimo interés ... el dibujo
4. Es un manitas, le gusta pasarse los domingos haciendo chapuzas ... casa
5. Esta mujer hace milagros ... sus manos
6. Somos muy aficionados ... la pintura del Siglo de Oro
7. ¿ Llevas mucho tiempo dedicándote ... teatro ?

(a) por (b) al (c) con (d) por (e) en (f) a (g) por

3 Définition

Trouvez pour chaque élément de la première série sa définition dans la seconde.
1. el álbum 2. el columpio 3. la cámara oscura

(a) Es el dispositivo con el que se forman imágenes en una pantalla por medio de una lente, dentro de un espacio oscuro
(b) Se encuentra generalmente en los parques ; se suele componer de un asiento suspendido entre dos cuerdas

(c) Se colocan las fotos pero también los sellos de colección etc.

4 Apprenez en lisant

Complétez les phrases suivantes à l'aide des mots fournis :

1. Se quedó hablando con ... porque le interesaba aquel baúl tallado
2. ... jugando horas y horas
3. De pequeños jugábamos ...
4. Los niños están jugando a la ... en el mar

(a) a policías y ladrones (a pillar)
(b) el anticuario
(c) la pelota
(d) se entretuvieron (entretenerse)

5 Association

Associez aux mots de la première liste un mot dans la deuxième.
1. el filatelista
2. el numismático
3. el anticuario
4. la persona mañosa
5. el juguete
6. el jersey
7. la cámara

(a) el martillo (b) la panorámica (c) las monedas (d) la lana (e) los sellos (f) un mueble de estilo castellano (g) un tren eléctrico

CHARLANDO
– ¿ Vienes a jugar conmigo a la muñeca ?
– ¡ Ya jugamos ayer... ! Me sé otro juego. ¿ Quieres que te enseñe ?
– Vale.

¡ OJO !
Les américanismes :
la cometa = el volatín
(le cerf-volant) = el papalote (à Cuba et au Mexique)

NATURALEZA
LA GENTE
LA VIDA EN LA CIUDAD
SOCIEDAD
ECONOMÍA
CIENCIAS
UNAS CUANTAS NOCIONES

Lectura y música

Cuando pitos, flautas, cuando flautas, pitos.

▰▰ Noms

▶ la lectura	la lecture
el libro	le livre
el título	le titre
el canto	la tranche
la encuadernación	la reliure
la poesía	la poésie
el poeta	le poète
la novela	le roman
el novelista	l'auteur de roman, le romancier
la novela policíaca	le roman policier
la autobiografía	l'autobiographie
el diario	le journal
la novela corta, el cuento	la nouvelle
la obra maestra	le chef-d'œuvre
el autor	l'auteur
el héroe ; la heroína	le héros ; l'héroïne
▶ el ballet	le ballet
la ópera	l'opéra
la cantatriz	la cantatrice
el canta(d)or	le chanteur de flamenco
el coro	le chœur
la coral	la chorale
el concierto	le concert
la música clásica	la musique classique
la sinfonía	la symphonie
el director de orquesta	le chef d'orchestre
el compositor	le compositeur
el instrumento (de música)	l'instrument (de musique)
el instrumento de cuerda	l'instrument à cordes
los cobres, los instrumentos de metal	les cuivres
el instrumento de viento	l'instrument à vent
el clarinete	la clarinette
el violoncelo, el violonchelo	le violoncelle
el violón, el contrabajo	la contrebasse
la guitarra	la guitare
el órgano	l'orgue
▶ la música pop	la musique pop
la melodía	la mélodie
la letra	les paroles
la orquesta	l'orchestre
la banda, la charanga	la fanfare
el grupo	le groupe
el éxito del momento	le tube
la lista de éxitos	le hit-parade
la guitarra eléctrica	la guitare électrique
el sintetizador	le synthétiseur
el micrófono	le microphone
la discoteca	la discothèque

▰▰ Adjectifs

pintoresco	pittoresque
ilustrado, letrado	cultivé, lettré
amanerado	maniéré
ampuloso	ampoulé

▰▰ Verbes et expressions

hojear, pasar las hojas de un libro	feuilleter un livre
forrar un libro	couvrir un livre
ir a bailar	aller danser
tocar un instrumento, tañer un instrumento	jouer d'un instrument
canturrear	chantonner
tener buen oído, cantar entonado	chanter juste, avoir une bonne oreille
desentonar, desafinar	chanter faux
desafinar	jouer faux
devorar, leer con avidez un libro	dévorer un livre

EXERCICES

1 Conversion

Pour chaque mot souligné, trouvez un mot appartenant à une autre catégorie grammaticale.
Ex. : El autor hace una descripción muy lograda.
una descripción (n) = *une description* →
describir (v) = *décrire*

1. Comentó estos versos de García Lorca de una manera muy personal. **2.** Es un gran lector de novelas picarescas. **3.** Es un compositor contemporáneo.

2 Expression

Retrouvez sept expressions à partir des deux listes :

1. Presenciar	**(a)** versos
2. Tocar	**(b)** una canción
3. Escribir	**(c)** un instrumento
4. Componer	**(d)** a la letra
5. Poner música	**(e)** una novela
6. Declamar	**(f)** un concierto de música
7. Cantar	**(g)** un poema

3 Équivalent

Trouvez l'équivalent français des mots suivants :
1. la trompeta **2.** la flauta **3.** el violín **4.** el piano de cola **5.** la flauta travesera **6.** el saxofón **7.** el preludio **8.** la sonata **9.** la clave de sol **10.** la orquesta **11.** el bajo **12.** el tenor **13.** el soprano **14.** lírico **15.** épico **16.** surrealista **17.** humorístico **18.** hiperbólico

4 Déduction

Trouvez la traduction qui convient pour les expressions suivantes :
1. Más viejo que la nana (la berceuse)
2. Más alegre que unas castañuelas
3. Cantar a coro
4. Llevar la batuta (la baguette du chef d'orchestre)
5. Tocar a rebato
6. Ponerse a tono
7. Tocar al compás
8. Hablar como un libro

(a) Gai comme un pinson **(b)** Mener la danse **(c)** Parler comme un livre **(d)** Se mettre au diapason **(e)** Vieux comme Mathusalem **(f)** Jouer en mesure **(g)** Chanter en chœur **(h)** Sonner le tocsin

5 Synonyme

Trouvez un mot ou une expression de sens voisin.
1. el contrabajo **2.** la escala **3.** los instrumentos de metal **4.** la canción de cuna **5.** el literato **6.** el relato **7.** una poesía

6 Antonyme

Trouvez un mot ou une expression de sens opposé.
1. realista **2.** la prosa **3.** el fondo **4.** desafinado

7 Association

Restituez à chaque musicien son instrument de musique.
1. el pianista
2. el violonista
3. el guitarrista
4. el harpista
5. el bajista
6. el flautista
7. el trompeta
8. el saxofonista
9. el clarinetista
10. el organista
11. el contrabajo

(a) el violín **(b)** la flauta **(c)** el piano **(d)** el harpa **(e)** la guitarra **(f)** el bajón **(g)** el órgano **(h)** el contrabajo, el violón **(i)** el clarinete **(j)** la trompeta **(k)** el saxofón

---

¡ OJO !

* La trompeta (el instrumento de música).
  El trompeta (el músico).
* El violín (le violon).
  El violón (la contrebasse).

NATURALEZA

LA GENTE

LA VIDA EN LA CIUDAD

SOCIEDAD

ECONOMÍA

CIENCIAS

UNAS CUANTAS NOCIONES

El teatro, el cine

Tener mucho teatro.

▰▰ Noms

▶ el teatro	*le théâtre*
la obra, la comedia	*la pièce*
el elenco	*la troupe, la distribution*
la compañía	*la troupe, la compagnie*
el comediante	*le comédien*
el actor	*l'acteur*
el cómico	*le comédien, le comique*
el cómico de la legua	*le comédien ambulant*
el galán	*le jeune premier*
el gracioso	*le bouffon*
el apuntador	*le souffleur*
el público	*le public*
el entreacto, el intermedio	*l'entracte*
el escenario, la escena	*la scène*
los bastidores	*les coulisses*
el camarín	*la loge d'artiste*
el telón	*le rideau*
el drama	*le drame*
la tragedia	*la tragédie*
la comedia	*la comédie*
la comedia de enredo	*la comédie d'intrigue*
el entremés	*l'intermède*
la jornada	*l'acte*
el éxito ; el fracaso	*le succès ; l'échec*
el ensayo general	*la répétition générale*
la actuación	*le jeu des acteurs*
la representación, la función	*la représentation*
▶ el cine(matógrafo)	*le cinéma(tographe)*
la película, el film	*le film*
la pantalla ; el cartel	*l'écran ; l'affiche*
el cine mudo ; sonoro	*le cinéma muet ; parlant*
la película de suspense	*le film à suspense*
los dibujos animados	*les dessins animés*

la película de terror	*le film d'épouvante, d'horreur*
la película del oeste	*le western*
la superproducción	*la superproduction, le péplum*
el musical	*la comédie musicale*
el guión	*le scénario*
el primer plano	*le gros plan*
el ángulo de toma	*l'angle de prise de vue*
la toma de sonido	*la prise de son*
el encuadre	*le cadrage*
la vuelta atrás, el flash-back	*le flash-back*
el guionista	*le scénariste*
el realizador, el director	*le metteur en scène, le réalisateur*
el productor	*le producteur*
el extra	*le figurant*
el cinéfilo	*le cinéphile*
el galardón	*la récompense*

▰▰ Adjectifs

nítido ; borroso	*net ; flou*
(versión) subtitulada, con subtítulos	*sous-titrée*
(versión) doblada	*doublée*

▰▰ Verbes et expressions

dirigir (una obra), poner en escena	*mettre en scène*
pisar las tablas, subir a las tablas	*monter sur les planches*
representar, actuar	*jouer*
salir al escenario, salir a escena	*entrer en scène*
irse de escena	*sortir de scène*
aplaudir ; abuchear	*applaudir ; huer*
pitar, silbar	*siffler*
rodar una película	*tourner un film*
llevar a la pantalla	*porter à l'écran*
las candilejas	*les feux de la rampe*

EXERCICES

1 Équivalent

Trouvez l'équivalent français de chacun des mots soulignés suivants, en vous aidant du contexte :

1. Ponen una película (echan una película) estupenda en el cine Chamartín
2. Vamos a sacar las entradas para el pase de las 6.35 de la tarde
3. Ayer por la noche fue el estreno de la obra de VALLE INCLÁN
4. Esta película policíaca lleva meses y meses en cartel

2 Expression

Retrouvez trois expressions à partir des deux listes :

1. El telón
2. Cancelar
3. La película

(a) no apta para menores
(b) de boca
(c) un espectáculo

3 Traduction

Retrouvez la traduction pour chaque mot, expression ou proverbe de la première série dans la seconde liste.

1. No saber lo que ocurre entre bastidores 2. La temporada teatral 3. La comedia de capa y espada 4. El desenlace trágico 5. La acotación escénica 6. Llamar a escena 7. El séptimo arte 8. La sesión de cine 9. El cine de arte y ensayo 10. La toma de vistas 11. La secretaria de rodaje 12. El fundido encadenado 13. La cámara lenta 14. La primera actriz, la actriz principal

(a) L'indication scénique (b) La vedette (c) Le cinéma d'art et d'essai (d) Ignorer ce qui se passe en coulisses (e) La comédie de cape et d'épée (f) La script-girl (g) Le septième art (h) La saison théâtrale (i) Le ralenti (j) La prise de vues (k) Le dénouement tragique (l) La séance de cinéma (m) Le fondu enchaîné (n) Rappeler quelqu'un

4 Définition

Trouvez pour chaque élément de la première série sa définition dans la seconde.

1. El descanso 2. El director 3. La concha del apuntador 4. El guión 5. El plano americano 6. El corte en seco 7. La voz en off 8. El fundido encadenado 9. El travelling 10. El picado 11. La cámara lenta

(a) El origen del sonido no aparece en el campo. Está fuera de campo
(b) Es el lugar donde se encuentra el apuntador
(c) Es el plano en el que se corta el sujeto por la rodilla
(d) Es el día de la semana en que no hay representaciones
(e) Se trata del cambio instantáneo de un plano a otro
(f) Es el boceto de la película
(g) Es la persona que dirige una película
(h) La cámara se mueve acompañando a los personajes
(i) La cámara encuadra a un personaje desde arriba
(j) Mientras desaparece un plano, aparece el siguiente. Hay sobreimpresión de los dos
(k) No se ve la secuencia al mismo ritmo que las demás ; es como si se detuviera el tiempo …

5 Synonyme

Trouvez un mot ou une expression de sens voisin.
1. La pieza 2. El acto 3. La escena 4. El juego escénico

¡ OJO !

Una película en blanco y negro.
Un film en noir et blanc.

La panorámica.
Le panoramique.

NATURALEZA

LA GENTE

LA VIDA EN LA CIUDAD

SOCIEDAD

ECONOMÍA

CIENCIAS

UNAS CUANTAS NOCIONES

Aficiones

No pintar nada
en un sitio.

■■■ Noms

▶ la afición	le goût, le penchant
el turismo	le tourisme
el monumento (histórico)	le monument (historique)
el castillo	le château (fort)
el palacio	le palais
el palacete	le petit palais
la catedral	la cathédrale
la abadía	l'abbaye
la mezquita	la mosquée
▶ el museo	le musée
la galería de arte	la galerie d'art
la exposición, la muestra	l'exposition
el profano ; el neófito	le profane ; le néophyte
el cuadro	le tableau
el lienzo	la toile
la acuarela	l'aquarelle
el bodegón, la naturaleza muerta	la nature morte
el fresco	la fresque
el mural	la peinture murale
el aguafuerte	l'eau-forte
el grabado	la gravure
la lámina, la estampa	l'estampe
la estatua	la statue
la escultura	la sculpture
la obra de arte	l'œuvre d'art
el mecenazgo	le mécénat
▶ el viaje	le voyage
la excursión	l'excursion
el turista	le touriste
el parque de atracciones	le parc d'attractions
el circo	le cirque
el parque zoológico	le zoo
la verbena	la fête, la kermesse
▶ las vacaciones	les vacances
el veraneo	les vacances d'été, les grandes vacances
el veraneante	l'estivant, le vacancier
el albergue de juventud	l'auberge de jeunesse
la caravana	la caravane
el autocaravana	le camping-car
el senderismo	la randonnée pédestre
la estación balnearia, el balneario	la station balnéaire
la playa ; el oleaje	la plage ; la houle
la bajamar, la marea baja ; la marea alta, la pleamar	la marée basse ; la marée haute

■■■ Adjectifs

artístico ; estético	artistique ; esthétique
figurativo ; abstracto	figuratif ; abstrait
plástico ; yacente	plastique ; gisant
hierático	sans expression, figé
expresivo	expressif
(estar) moreno, bronceado	bronzé

■■■ Verbes et expressions

pintar ; dibujar	peindre ; dessiner
esculpir ; cincelar	sculpter ; ciseler
visitar	visiter
viajar	voyager
hacer dedo	faire de l'auto-stop
acampar, ir de acampada	camper
tomar el sol	prendre un bain de soleil, s'exposer au soleil
broncear, ponerse moreno	bronzer, brunir
broncearse, tostarse	se faire bronzer
bañarse	se baigner
darse un baño	prendre un bain
nadar ; bucear	nager ; nager sous l'eau, plonger

EXERCICES

1 Association

Restituez à chaque artiste son art.
1. el pintor (de cuadros) **2.** el escultor **3.** el dibujante **4.** el arquitecto **5.** el tallista (le sculpteur sur bois)

(a) la talla de madera **(b)** la pintura **(c)** la arquitectura **(d)** la escultura **(e)** el dibujo

2 Déduction (1)

Les tableaux portent des noms différents en fonction de ce qu'ils représentent.
1. el retrato **2.** el bodegón **3.** la naturaleza muerta **4.** el paisaje **5.** la marina

El cuadro representa :
(a) un trozo de naturaleza **(b)** el mar **(c)** cosas comestibles y vasijas **(d)** una figura humana con intención de que se parezca al modelo **(e)** animales muertos o cosas inanimadas

3 Déduction (2)

Quel nom donne-t-on à chaque type de statues, selon son attitude ?
Cuando la persona está :
1. muerta **2.** sentada **3.** montada a caballo **4.** rezando

(a) ecuestre **(b)** yacente **(c)** orante **(d)** sedente

4 Définition

Trouvez pour chaque élément de la première série sa définition dans la seconde.

1. la tabla **2.** el cincel **3.** el lienzo **4.** el boceto **5.** el pincel

(a) Es el instrumento que sirve para pintar **(b)** Es el instrumento que sirve para trabajar la piedra o el mármol de las esculturas, dándole golpes con un martillo **(c)** Es el cuadro pintado sobre un lienzo **(d)** Es el cuadro pintado sobre madera **(e)** Es el proyecto que realizan un pintor o un escultor, antes de pintar un cuadro o de esculpir una estatua

5 Expression

Trouvez la traduction qui convient des mots, expressions ou proverbes suivants :
1. La pintura al óleo
2. Un escultor de tres al cuarto
3. El grabado con buril
4. Un busto de bronce
5. Estar de vacaciones
6. A orillas del mar
7. Siempre se arrima al sol que más calienta

(a) Un sculpteur à la gomme
(b) La peinture à l'huile
(c) Un buste en bronze
(d) Au bord de la mer
(e) La gravure au burin
(f) Il se met toujours du côté du plus fort
(g) Être en vacances

¡ OJO !

El tallista
El turista
El excursionista
El recepcionista
El campista

NATURALEZA
LA GENTE
LA VIDA EN LA CIUDAD
SOCIEDAD
ECONOMÍA
CIENCIAS
UNAS CUANTAS NOCIONES

Deportes y juegos

Jugar con dos barajas.

▬ Noms

▶ la competición	*la compétition*
el deportista	*le sportif*
el profesional	*le professionnel*
los Juegos Olímpicos	*les jeux Olympiques*
la medalla	*la médaille*
▶ el fútbol	*le football*
el futbolista	*le footballeur*
el árbitro	*l'arbitre*
el portero, el guardameta	*le gardien de but*
el gol, el tanto	*le but*
el delantero	*l'attaquant*
el rugby	*le rugby*
el ensayo	*l'essai*
▶ el esquí alpino	*le ski alpin*
el esquí de fondo	*le ski de fond*
el esquiador	*le skieur*
el patinaje artístico	*le patinage artistique*
▶ la natación	*la natation*
la piscina	*la piscine*
el 100 m. crol ; libre	*le 100 m crawl ; nage libre*
▶ el atletismo	*l'athlétisme*
el atleta	*l'athlète*
el fondo	*la course de fond*
el relevo	*le relais*
las vallas	*les haies*
el salto de altura	*le saut en hauteur*
el salto de longitud	*le saut en longueur*
el salto de pértiga	*la perche*
▶ la hípica	*l'hippisme*
la vela	*la voile*
la pesca	*la pêche*
la caza	*la chasse*
▶ los juegos de sociedad, de salón	*les jeux de société*
las damas	*le jeu de dames*
el ajedrez	*les échecs*

los dados	*le jeu de dés*
la baraja, el juego de naipes, de cartas	*le jeu de cartes*
el palo	*la couleur*
el trébol	*le trèfle*
el comodín	*le joker*
el triunfo (carta que vence)	*l'atout*
la pinta	*l'atout (couleur choisie)*
la baza	*le pli, la levée*

▬ Adjectifs

deportivo	*sportif*
lesionado	*blessé*

▬ Verbes et expressions

practicar deporte, hacer deporte	*pratiquer, faire du sport*
entrenarse	*s'entraîner*
clasificarse	*se classer*
doparse	*se doper*
patrocinar	*sponsoriser*
vencer	*vaincre*
derrotar al contrario	*vaincre l'adversaire*
perder	*perdre*
golear	*marquer beaucoup de buts*
meter un gol	*marquer un but*
empatar	*faire match nul, égaliser*
nadar	*nager*
correr	*courir*
saltar	*sauter*
lanzar	*lancer*
barajar	*battre, mêler (les cartes)*
dar	*distribuer les cartes*
apostar	*parier*
echar a cara o cruz	*jouer à pile ou face*

EXERCICES

1 Équivalent

Trouvez l'équivalent des mots suivants, proches du français :
1. el deporte de alta competición 2. el campeón 3. las gradas 4. el torneo 5. la victoria 6. la esgrima 7. el béisbol 8. el lanzamiento de disco 9. el lanzamiento de jabalina 10. la halterofilia 11. la gimnasia rítmica 12. el tenis de mesa 13. la natación sincronizada 14. el patinaje de velocidad 15. el tiro con arco 16. el yudo 17. el balonmano 18. jaque al rey 19. el peón 20. el enroque 21. la asociación deportiva 22. la federación

2 Association

Associez au nom de chacun des sports suivants celui du lieu où il est pratiqué :
1. el tenis 2. el fútbol 3. la natación 4. el ciclismo 5. el boxeo 6. la hípica

(a) la pista (b) el terreno, el campo (c) la pista, la cancha (d) la piscina (e) el hipódromo (f) el ring

3 Expression

Retrouvez sept expressions à partir des deux listes :
1. Las reglas	(a) de la veda
2. Batir	(b) mate
3. Jugarle a alguien	(c) con caña
4. Jaque y	(d) la camisa
5. Jugarse hasta	(e) del juego
6. El levantamiento	(f) un récord
7. Pescar	(g) una mala partida

4 Apprenez en lisant

Complétez les phrases suivantes à l'aide des mots fournis :
1. Aunque estaba …, jugó muy bien
2. ¿ Te apetece … ?
3. No quiero jugar contigo porque no sabes jugar sin …
4. El … es un deporte de invierno
5. Los dos equipos … a cero
6. No … a dos de los mejores jugadores del equipo del Real Madrid por estar lesionados

(a) hacer trampa (b) seleccionaron (seleccionar) (c) esquí (d) lesionado (e) empataron (empatar) (f) echar una partida de naipes

5 Déduction

Trouvez la traduction qui convient des expressions ou mots suivants :
1. Cegarse en el juego 2. Jugar a cartas vistas 3. Disparar a puerta 4. Jugar limpio 5. Morder el anzuelo 6. Cargar los dados 7. El partido amistoso

(a) Piper les dés (b) Tirer au but (c) Le match amical (d) Se piquer au jeu (e) Jouer cartes sur table (f) Jouer franc jeu (g) Mordre à l'hameçon

CHARLANDO
– ¿ Sabes quién ganó ayer ?
– Estuvo ganando el Real Madrid durante todo el partido
– ¿ Y ?
– Pues, en el último minuto empataron… un despiste del portero…
– Bueno, pero sigue primero el Real…
– Claro.

> ¡ OJO !
>
> Juegos de manos, juegos de villanos.

NATURALEZA
LA GENTE
LA VIDA EN LA CIUDAD
SOCIEDAD
ECONOMÍA
CIENCIAS
UNAS CUANTAS NOCIONES

Algo de economía

*Quien ha oficio,
ha beneficio.*

▄▄▄ Noms

▶ la economía	*l'économie*
la economía de mercado	*l'économie de marché*
las ciencias económicas	*les sciences économiques*
el economista	*l'économiste*
la política económica	*la politique économique*
la oferta y la demanda	*l'offre et la demande*
la inflación	*l'inflation*
el desarrollo	*le développement*
el crecimiento	*la croissance*
la recuperación	*la reprise*
la reactivación	*la relance*
la recesión	*la récession*
el estancamiento	*la stagnation*
la congelación de los salarios	*le blocage, le gel des salaires*
la congelación de precios	*le blocage, le gel des prix*
restricciones a las importaciones	*des restrictions à l'importation*
la balanza de pagos	*la balance des paiements*
la balanza comercial	*la balance commerciale*
▶ las previsiones, las estimaciones económicas/ presupuestarias	*les prévisions économiques/ budgétaires*
el nivel de vida	*le niveau de vie*
el coste de (la) vida	*le coût de la vie*
el producto nacional bruto	*le PNB = produit national brut*
el producto interior bruto	*le PIB = produit intérieur brut*
el poder adquisitivo	*le pouvoir d'achat*
la margen de ganancias,	*la marge bénéficiaire,*
de beneficio	*des bénéfices*
la competencia	*la concurrence*
▶ las estadísticas	*les statistiques*
el importe de los gastos	*le chiffre des dépenses*
el gráfico	*le graphique*

▄▄▄ Adjectifs et adverbes

económico	*économique*
inflacionista	*inflationniste*
deflacionista	*déflationniste*
deficitario	*déficitaire*
coyuntural	*conjoncturel*
competitivo	*compétitif*
estable	*stable*
negro	*sombre*
bruscamente	*brusquement*
meramente (económico)	*purement, simplement (économique)*

▄▄▄ Verbes et expressions

cifrar, evaluar	*chiffrer*
ampliar	*développer, élargir*
dar nuevo impulso	*relancer*
reactivar la economía	*relancer l'économie*
recuperarse	*reprendre*
perder ; arruinar	*perdre ; ruiner*
estancarse	*stagner*
desarrollarse	*se développer*
crecer un 20 %	*croître, augmenter de 20 %*
bajar	*baisser, diminuer*
dar un bajón	*dégringoler*
hundirse, venirse abajo	*s'effondrer*
alcanzar	*atteindre*
flexibilizar	*assouplir*
competir con	*faire concurrence à, être en concurrence avec*

EXERCICES

1 Synonyme

Trouvez un mot ou une expression de sens voisin.
1. hacer competencia a 2. venirse abajo 3. aumentar 4. dar nuevo impulso 5. evaluar

2 Antonyme

Trouvez un mot ou une expression de sens opposé.
1. la deflación 2. el desarrollo 3. el estancamiento 4. el monopolio 5. inflacionista

3 Expression

Trouvez pour chaque expression de la première série sa définition dans la seconde.

1. Las economías de chicha y nabo, las economías del chocolate del loro
2. Sufrir una competencia desleal
3. No tener oficio ni beneficio

(a) Subir une concurrence déloyale
(b) Ne rien avoir du tout
(c) Les économies de bouts de chandelle

4 Définition

Trouvez pour chaque élément de la première série sa définition dans la seconde.
1. la inflación 2. el déficit 3. la política de rigor 4. el monopolio 5. la recesión 6. económicas 7. el coste de (la) vida

(a) Es el dinero que se gasta para pagar el alojamiento, la calefacción, la ropa, la comida ...
(b) Es una baja en el mercado o en la economía, en general
(c) Es la situación en que salarios y precios no dejan de subir
(d) Es la política que consiste en recortar los déficits públicos e impone la congelación de los salarios
(e) Es la situación en que los gastos son superiores a los ingresos en un presupuesto
(f) Existe cuando solamente una empresa vende un producto y por consiguiente controla todo el mercado
(g) Es un tema que se estudia en la universidad

5 Déduction

Trouvez le sens des mots ou expressions suivants :

1. un tratado de libre cambio 2. la política monetarista 3. la microeconomía 4. la macroeconomía 5. la competitividad 6. la liberalización 7. los intercambios comerciales 8. el boom económico 9. el proceso inflacionista 10. factores coyunturales 11. el monetarismo

6 Apprenez en lisant

Complétez les phrases à l'aide des mots fournis.

1. La eficacia de estas medidas de ... exige la solidaridad de todos.
2. Los gobiernos procuraron luchar contra el proceso ... de un modo más o menos radical.
3. Para corregir las tensiones inflacionistas se puede disminuir la cantidad de moneda disponible (limitación del ... a la producción y al consumo), luchar contra la inflación de los costes (subvenciones, ... fiscales...).

(a) inflacionista (b) desgravaciones (c) austeridad (d) crédito

¡ OJO !

Ganar**se** <u>la</u> vida.

Se gana bien <u>la</u> vida.

<u>Nos</u> ganamos la vida trabajando de sol a sol.

¿ Qué tal <u>te</u> ganas <u>la</u> vida ?

NATURALEZA
LA GENTE
LA VIDA EN LA CIUDAD
SOCIEDAD
ECONOMÍA
CIENCIAS
UNAS CUANTAS NOCIONES

El trabajo

No hay oficio malo.

▰▰ Noms

▶ el trabajo, la labor — *le travail*
el curro (fam.) — *le boulot*
el empleo, el puesto de trabajo — *l'emploi, le poste*
el oficio ; la profesión — *le métier ; la profession*
el trabajo clandestino, negro — *le travail au noir*
la plantilla, el personal — *les effectifs, le personnel*
la mano de obra — *la main-d'œuvre*
el trabajo manual — *le travail manuel*
el asalariado — *le salarié*
el empleado — *l'employé*
el obrero — *l'ouvrier*
el peón — *le manœuvre*
el contramaestre — *le contremaître*
el oficinista — *l'employé de bureau*
el ejecutivo — *le cadre*
los directivos, los cuadros superiores — *les cadres supérieurs*
el ardor en el trabajo — *l'ardeur au travail*

▶ el desempleo — *le chômage*
el parado — *le chômeur*
el pleno empleo — *le plein emploi*

▶ los honorarios — *les honoraires*
el sueldo, el salario — *le salaire*
la paga — *la paie*
la hoja de paga, la nómina — *la feuille de paie*
las horas extraordinarias — *les heures supplémentaires*
la remuneración en especies — *les avantages en nature*

▶ la organización empresarial — *l'organisation patronale*
el tiempo laboral — *le temps de travail*
los derechos de los trabajadores — *les droits des travailleurs*

el sindicato — *le syndicat*
las negociaciones — *les négociations*
el piquete de huelga — *le piquet de grève*
la huelga de brazos caídos — *la grève sur le tas*
la huelga intermitente — *la grève perlée*

▶ el subsidio de desempleo — *l'allocation chômage*
la pensión — *la pension*

▰▰ Adjectifs

laboral — *du travail*
trabajador — *travailleur*

▰▰ Verbes et expressions

contratar a alguien — *embaucher qqn.*
despedir a alguien — *renvoyer, licencier qqn.*
ser despedido — *être licencié*
estar en paro — *être au chômage*
dimitir — *donner sa démission, démissionner*
jubilarse — *prendre sa retraite*
cobrar la pensión, el retiro — *toucher sa retraite*
buscar un empleo — *chercher un emploi*
presentar su candidatura — *poser sa candidature*
afiliarse a un sindicato, sindicarse — *adhérer à un syndicat, se syndiquer*
reivindicar — *revendiquer*
estar en huelga — *faire grève*
ganarse bien ; mal la vida — *gagner bien ; mal sa vie*
cobrar la nómina — *toucher la paie*
matarse trabajando — *se tuer au travail*
trabajar con contrato de interinidad — *travailler en intérimaire*
ser del oficio — *être du métier*

EXERCICES

1 Synonyme

Trouvez un mot ou une expression de sens voisin.
1. el salario 2. el trabajo 3.emplear 4. la hoja de paga 5.el paro 6. el desempleado 7. estar parado 8. el empleo

2 Antonyme

Trouvez un mot ou une expression de sens opposé.
1. despedir 2. el empresario 3. el pleno empleo 4. el trabajo a tiempo completo 5. encontrar un empleo

3 Construction

Trouvez le mot grammatical manquant.
1. Sólo consigue trabajar ... tiempo parcial
2. Compra los periódicos que publican las ofertas ... empleo
3. Está trabajando ... camarero
4. No me quejo. Me gano bien la vida, estoy ganando unas trescientas seis euros ... mes
5.Se dio cuenta de que trabajaba ... el obispo (pour le roi de Prusse)

(a) al **(b)** a **(c)** de **(d)** para **(e)** de

4 Définition

Trouvez pour chaque élément de la première série sa définition dans la seconde.
1. el jubilado 2. la paga extraordinaria 3. el salario mínimo 4. el rompehuelgas

(a) Los españoles la suelen cobrar por Navidad ; a veces también hay otra en julio
(b) Uno no puede ganar menos de esa suma
(c) Es la persona que se niega a estar en huelga
(d) Es la persona que deja de trabajar al cumplir 60 o 65 años, según los países

5 Dérivation

Trouvez des mots dérivés des mots suivants :
1. el trabajador 2. emplear 3. la paga 4. el huelguista 5. la jubilación 6. el sindicato

6 Équivalent

Trouvez les expressions ou les mots français équivalents :
1. el accidente laboral 2. el contrato indefinido 3. el sindicalista 4. el salario neto 5. las cargas sociales 6. el derecho de huelga

CHARLANDO
– ¿ Qué es de ti ?¡ Cuánto tiempo sin verte ! ...
– ¡ Hombre !, ¿ Qué haces por aquí ?
– Estoy trabajando en un banco. Mira, en el edificio de la esquina. ¿ Y tú ? ¿ Trabajas por aquí cerca ?
– ¡ Qué va ! Llevo dos meses en paro y no consigo encontrar trabajo ...
– Oye, pues, en el banco están contratando a bastante gente. Presenta tu candidatura a ver si hay suerte... Y, diles que vienes de mi parte. ¿ Quién sabe ?... el enchufe...
– Gracias Juan.
– De nada.

¡ OJO !
El ard<u>o</u>r, <u>el</u> cal<u>o</u>r, <u>el</u> ol<u>o</u>r, <u>el</u> mot<u>o</u>r, <u>el</u> vap<u>o</u>r ... (todos son masculinos)
SALVO :
– la labor (le travail, le labeur)
– la flor (la fleur)
– la coliflor (le chou-fleur)
– la sor (la religieuse, la sœur)

NATURALEZA
LA GENTE
LA VIDA EN LA CIUDAD
SOCIEDAD
ECONOMÍA
CIENCIAS
UNAS CUANTAS NOCIONES

Industria y energía

Un taller de montaje.

▰ Noms

▶ la industrialización	*l'industrialisation*
la sociedad industrial	*la société industrielle*
la industria pesada	*l'industrie lourde*
la industria clave	*l'industrie clé*
la fábrica	*l'usine*
la maquinaria	*les installations, l'outillage*
la acería	*l'aciérie*
la refinería	*la raffinerie*
la central	*la centrale*
las materias primas	*les matières premières*
el producto acabado, terminado	*le produit fini*
el taller	*l'atelier*
el industrial	*l'industriel*
▶ el combustible	*le combustible*
las energías fósiles	*les énergies fossiles*
las reservas energéticas	*les réserves énergétiques*
el gas natural	*le gaz naturel*
el carbón	*le charbon*
la hulla	*la houille*
la mina	*la mine*
la mina a cielo abierto	*la mine à ciel ouvert*
la cantera	*la carrière*
el petróleo	*le pétrole*
la gasolina	*l'essence*
el fuel, el mazut	*le fuel, le mazout*
▶ la energía nuclear	*l'énergie nucléaire*
la central nuclear	*la centrale nucléaire*
el uranio	*l'uranium*
el plutonio	*le plutonium*
el reactor	*le réacteur*
el reactor reproductor	*le surgénérateur*
la energía hidroeléctrica	*l'énergie hydroélectrique*
el embalse, el pantano	*le barrage*
el embalse regulador	*le barrage de retenue*
▶ las tecnologías blandas	*les technologies douces*
la energía blanda	*l'énergie douce*
la energía mareomotriz	*l'énergie marémotrice*
la energía geotérmica	*l'énergie géothermique*
la energía geométrica	*l'énergie géométrique*
la energía solar	*l'énergie solaire*
la energía eólica	*l'énergie éolienne*
el generador, el motor de viento	*l'éolienne*
▶ el apagón, el corte	*la coupure, la panne de courant*

▰ Adjectifs

industrial, fabril	*industriel, usinier*
cromado	*chromé*
carbonífero	*carbonifère*
estratificado	*stratifié*

▰ Verbes et expressions

▶ industrializar	*industrialiser*
fabricar	*fabriquer*
producir en serie	*fabriquer en série*
▶ barrenar	*forer ; miner*
carecer de recursos	*manquer de ressources*
extraer, sacar	*extraire*

EXERCICES

1 Conversion

Pour chaque mot souligné, trouvez un mot appartenant à une autre catégorie grammaticale.
Ex. : Nos van a <u>cortar</u> la electricidad toda la mañana para arreglar todo el sistema eléctrico.
cortar (v) = *couper* → el corte (n) = *une coupure*

1. He oído decir que había <u>una carencia</u> de trabajadores manuales en la industria
2. Están excavando para <u>buscar</u> oro
3. ¡ Cuán dura vida la de los <u>mineros</u> !
4. No toda España está industrializada. Los principales centros <u>industriales</u> son Madrid, Barcelona, Bilbao y Valencia
5. España no es un país muy rico en fuentes de <u>energía</u>
6. La industria petroquímica se ha instalado cerca de las <u>refinerías</u> de petróleo

2 Équivalent

Donnez le sens des mots suivants, proches du français :
1. el acero
2. el acero fundido
3. el acero de alta resistencia
4. refinar
5. ferruginoso
6. la central geotérmica
7. la producción
8. la fabricación

3 Synonyme

Trouvez un mot ou une expression de sens voisin.
1. el pantano 2. el producto acabado 3. producir 4. carecer 5. extraer 6. el motor de viento 7. el corte (de corriente eléctrica)

4 Antonyme

Trouvez un mot ou une expression de sens opposé.
1. la materia prima 2. la industria pesada 3. la carencia, la escasez 4. proteger

5 Définition

Trouvez pour chaque élément de la première série sa définition dans la seconde.
1. las herramientas 2. el precio de fábrica 3. el corte 4. el industrial 5. el gas 6. una refinería 7. la gasolina

(a) Es lo que se le echa al coche para que ande
(b) Eso ocurre, por ejemplo, cuando hay un consumo demasiado grande de electricidad
(c) Es el lugar donde se convierte el petróleo en gasolina
(d) Se utilizan y sirven para fabricar objetos
(e) Es el hombre que posee y dirige una o varias fábricas
(f) Es un producto químico ; los hay asfixiantes, peligrosos, útiles …
(g) En él no están incluidos los gastos que se añaden antes de llegar al consumidor

6 Apprenez en lisant

Trouvez le sens des mots soulignés à l'aide du contexte.
1. Consiguieron extraer <u>petróleo bruto</u>.
2. Después de <u>refinarlo</u> se transforma en <u>combustible</u>, <u>lubrificantes</u> y productos químicos brutos.

ADIVINANZA
Verde fue mi nacimiento,
de negro me revestí,
y ahora que estoy de luto
hacen cenizas de mí.

> **¡ OJO !**
>
> Sólo <u>cierta</u> industria está en crisis. Es el caso, por ejemplo, de la siderurgia en muchos países avanzados.
>
> Se extrae <u>cierta</u> cantidad de petróleo.
>
> <u>Ciertas</u> fábricas están en quiebra (faillite).

NATURALEZA
LA GENTE
LA VIDA EN LA CIUDAD
SOCIEDAD
ECONOMÍA
CIENCIAS
UNAS CUANTAS NOCIONES

La empresa

Los negocios son los negocios.

▰ Noms

▶ los negocios — *les affaires*
un negocio — *une affaire*
la empresa (privada ; pública) — *l'entreprise (privée ; publique)*
el empresario — *le chef d'entreprise, l'entrepreneur*
el pequeño empresario — *le patron d'une petite entreprise*
la sociedad — *la société*
la sociedad anónima — *la société anonyme*
la sociedad por acciones — *la société par actions*
la sociedad personalista — *la société de personnes*
la sociedad (regular) colectiva — *la société en nom collectif*
la sociedad sin ánimo de lucro — *la société à but non lucratif*
la compañía (la empresa) multinacional — *la compagnie (l'entreprise) multinationale*
la sociedad matriz — *la société mère*
la sede social — *le siège social*
la filial ; la sucursal — *la filiale ; la succursale*
el director general, el gerente — *le P.-D.G.*
la junta directiva — *le conseil de direction*
la dirección — *la direction*
el director general — *le directeur général*
el director adjunto — *le directeur adjoint*
el director comercial — *le directeur commercial*
el jefe de personal — *le chef du personnel*
la secretaria de dirección — *la secrétaire de direction*
el interino — *l'intérimaire*
la plantilla — *le personnel*
el empresariado — *le patronat*

▶ el interventor de cuentas — *le commissaire aux comptes*
el contable — *le comptable*

el año, el ejercicio económico — *l'exercice financier*
el saldo positivo ; negativo — *le solde positif ; négatif*
el balance — *le bilan*
el balance de situación, el balance general — *le bilan annuel*
el activo ; el pasivo — *l'actif ; le passif*
pérdidas y ganancias — *pertes et profits*
los beneficios — *les bénéfices*
los gastos — *les dépenses, les frais*
los gastos generales — *les frais généraux*
los gastos de inversión — *les frais d'investissement*
la rentabilidad — *la rentabilité*
el volumen de negocios — *le chiffre d'affaires*
un negocio magnífico, un señor negocio — *une affaire en or*

▰ Adjectifs

empresarial — *patronal*
(la clase) empresarial — *le patronat*
directoral — *directorial*

▰ Verbes et expressions

crear una sociedad — *créer une société*
ser un hombre de negocios — *être dans les affaires, être un homme d'affaires*
poner un negocio — *monter une affaire*
hablar negocios — *parler affaires*
presidir — *présider*
amortizar la inversión, los gastos — *rentrer dans ses frais*
irle a alguien bien ; mal el negocio — *avoir une affaire qui marche ; qui ne marche pas*
llevar las cuentas — *tenir les comptes*
declararse en quiebra — *déposer son bilan*
estar en quiebra — *être en faillite*
quebrar — *faire faillite*

100

EXERCICES

◻ Déduction

Retrouvez dans la deuxième série la traduction qui correspond aux expressions suivantes.
1. La empresa familiar
2. La empresa artesanal
3. La pequeña empresa
4. El contratista de obras públicas
5. La sociedad de capitales
6. La empresa de venta por correo
7. El activo neto
8. El mundo de los negocios
9. El mundo empresarial
10. Las pequeñas y medianas empresas
11. La escritura, el acta fundacional

(a) La petite entreprise (b) L'entrepreneur de travaux publics (c) La société de capitaux (d) L'entreprise artisanale (e) L'entreprise familiale (f) L'actif net (g) L'entreprise de vente par correspondance (h) Le monde de l'entreprise (i) L'acte constitutif d'une société (j) Le monde des affaires (k) Les petites et moyennes entreprises (les P.M.E.)

◻ Expression

Retrouvez huit expressions à partir des deux listes :
1. Hacer   (a) una fábrica
2. Implantar   (b) el balance
3. Pagar   (c) por teléfono
4. Dar   (d) el impuesto sobre el beneficio de las sociedades
5. Presenciar   (e) órdenes
6. Estar   (f) una decisión
7. Llamar   (g) una reunión
8. Tomar   (h) a la orden del día

◻ Dérivation

Trouvez des mots dérivés des mots suivants :
1. negociar 2. ganar 3. dirigir 4. empresarial 5. contar

◻ Construction

Trouvez le mot grammatical manquant.
1. Se opuso con mucho vigor … punto de vista del jefe
2. No soportaba estar … las órdenes de aquel gerente
3. Era un asunto tan peliagudo que decidieron no incluirlo al orden … día
4. El negocio le va fatal. Como quien dice, está … quiebra.

(a) del (b) al (c) en (d) bajo

◻ Définition

Trouvez pour chaque élément de la première série sa définition dans la seconde.
1. la filial 2. la sociedad matriz 3. la contable 4. el director general

(a) Es la persona que se dedica a hacer el balance en una empresa
(b) Es la persona que ocupa el mando más importante de la empresa
(c) Es una sociedad que depende de otra
(d) Es la sociedad que ha dado origen a otras sociedades y todas ellas constituyen una red.

◻ Identification

Où travaille et siège chacun de ces hommes ?
1. el ministro 2. el diputado, el parlamentario 3. el senador 4. el empresario
5. la secretaria

¡ OJO !
Todo esfuerzo merece recompensa.

101

NATURALEZA
LA GENTE
LA VIDA EN LA CIUDAD
SOCIEDAD
ECONOMÍA
CIENCIAS
UNAS CUANTAS NOCIONES

Agricultura

Buscar una aguja en un pajar.

▰▰ Noms

▶ la agricultura	l'agriculture
la agronomía	l'agronomie
la granja, la finca, la alquería	la ferme
el cortijo (en Andalucía)	la ferme
la masía (en Cataluña)	la ferme
la hacienda (en América latina)	la ferme
el establo	l'étable
el almiar	la meule
la pocilga	la porcherie
la cuadra	l'écurie
el campo	le champ
el prado	le pré
el vergel, el huerto	le verger
la huerta	« la huerta », plaines irriguées (à Valence et à Murcie)
el seto	la haie
el campesino	le paysan
el obrero agrícola, el peón	l'ouvrier agricole
▶ la industria lechera	l'industrie laitière
el pasto ; el heno	le pâturage ; le foin
la cría	l'élevage
el ganado	le bétail
el rebaño	le troupeau
la res	la bête, la tête de bétail
el pastor	le berger
el tractor	le tracteur
la segadora trilladora	la moissonneuse-batteuse
el abono	l'engrais
el estiércol	le fumier
el plaguicida	le pesticide
▶ los productos agrícolas	les produits agricoles
la mies, la siega	la moisson
la cosecha	la récolte
el cultivo de hortalizas	la culture maraîchère
el cultivo frutícola	la culture fruitière
el campo de secano	le champ de culture sèche
las tierras de regadío	les terres irrigables
las tierras de secano	les terres non irriguées
el cultivo extensivo ; intensivo	la culture extensive ; intensive
la superabundancia	la surabondance
los cereales	les céréales
el trigo ; el grano	le blé ; le grain
la espiga	l'épi
el maíz	le maïs
el centeno	le seigle
la cebada	l'orge
el candeal	le froment
▶ la autarcia	l'autarcie
el hambre	la faim, la famine
la sequía	la sécheresse
la inundación	l'inondation

▰▰ Adjectifs

arable, cultivable	arable, cultivable
fértil	fertile
árido	aride
estéril	stérile
rural	rural
agrario	agraire
agrícola	agricole

▰▰ Verbes et expressions

en barbecho	en jachère
barbechar	mettre en jachère
criar	élever (les animaux)
ordeñar	traire une vache
cultivar	cultiver
arar, labrar	labourer
plantar	planter
sembrar	semer, ensemencer
segar el heno	faire les foins
cosechar, recoger	moissonner, récolter
morirse de hambre	mourir de faim

EXERCICES

1 Expression (1)

Retrouvez huit expressions à partir des deux listes :

1. A campo
2. Labrar
3. La reforma
4. El éxodo
5. Trazar
6. El cultivo
7. Tirar del

8. La explotación

(a) las tierras
(b) rural
(c) de terrazas
(d) traviesa
(e) agraria
(f) agrícola
(g) surcos (des sillons)
(h) arado

2 Expression (2)

Quelle est la traduction des expressions et proverbes suivants :
1. Apartar el grano de la paja 2. Quien siembra recoge 3. Dormir a campo raso 4. El cultivo en bancales

(a) La culture en terrasse (b) Il faut semer pour récolter (c) Séparer le bon grain de l'ivraie (d) Dormir à la belle étoile

3 Synonyme

Trouvez un mot ou une expression de sens voisin.
1. árido 2. arar 3. pasar hambre 4. el vergel

4 Antonyme

Trouvez un mot ou une expression de sens opposé.
1. estéril 2. la sequía 3. irrigado

5 Définition

Trouvez pour chaque élément de la première série sa définition dans la seconde.
1. Es el propietario de tierras
2. Es la sustancia que se emplea para matar insectos
3. Es la actividad de los cultivos de la tierra
4. Son las fincas de pequeña dimensión
5. Son las fincas de gran extensión, numerosas en Andalucía

6. Es la hendedura que se hace en la tierra con el arado
7. Es la ciencia de los conocimientos teóricos y de las aplicaciones prácticas que conciernen la agricultura

(a) la agricultura (b) la agronomía (c) el insecticida (d) el surco (e) el terrateniente (f) el latifundio g) el minifundio

6 Identification

Retrouvez le lieu d'habitation des animaux suivants :
1. el perro 2. el conejo 3. el caballo 4. el cerdo

(a) la pocilga (b) la cuadra (c) la perrera, la casilla (d) la madriguera

7 Déduction

Parmi ces animaux lesquels ne se trouvent pas dans une basse-cour (el corral).
1. la gallina 2. el pavo (le dindon) 3. la oca (l'oie) 4. la pata (la cane) 5. la vaca

¡ OJO !
La cultura. Una persona culta. El cultivo agrícola. Una tierra cultivada.

DATOS ÚTILES

Principales producciones agrícolas:
- Agrios (agrumes)
- Vino
- Cebada
- Patatas
- Aceite de oliva

NATURALEZA
LA GENTE
LA VIDA EN LA CIUDAD
SOCIEDAD
ECONOMÍA
CIENCIAS
UNAS CUANTAS NOCIONES

El comercio

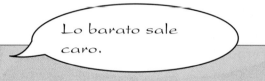

Lo barato sale caro.

▰ Noms

▶ el comercio al por menor — *le commerce de détail*
el comercio al por mayor — *le commerce de gros*
el minorista — *le détaillant*
el mayorista — *le grossiste*
el almacén, la tienda — *le magasin, la boutique*
el cajero, la cajera — *le caissier, la caissière*
el dependiente, el vendedor — *le vendeur*
el comprador — *l'acheteur*
la clientela — *la clientèle*
el consumo — *la consommation*
el consumidor — *le consommateur*

▶ el punto de venta — *le point de vente*
los grandes almacenes — *les grands magasins*
el supermercado — *le supermarché*
el hipermercado — *l'hypermarché*
el centro comercial — *le centre commercial*
la venta por correo — *la vente par correspondance*
la venta contra reembolso — *la vente contre remboursement*
la tienda de ultramarinos — *l'épicerie*
la carnicería — *la boucherie*
la tintorería — *le pressing*

▶ la sección, el departamento de discos — *le rayon disques*
la cesta (de la compra) — *le panier (de la ménagère)*
el carro — *le chariot*
el mostrador — *le comptoir*
el estante, la estantería — *le rayon*
la caja — *la caisse*

el tique de caja — *le ticket de caisse*
la etiqueta (del precio) — *l'étiquette (du prix)*
el código de barras — *le code-barres*
▶ las rebajas — *les soldes*
un descuento del 30 % — *une remise de 30 %*
una ganga, un chollo — *une affaire*
un dineral — *une fortune*

▰ Adjectifs

barato — *bon marché*
caro — *cher*
(un precio) bajo/ alto, altísimo — *(un prix) bas/ élevé, très élevé*
costoso — *coûteux*
ventajoso — *avantageux*

▰ Verbes et expressions

ir a la compra — *aller au marché, faire son marché*
ir de compras — *faire ses emplettes*
ir de tiendas — *courir, faire les magasins*
mirar los escaparates — *faire du lèche-vitrines*
vender — *vendre*
vender con pérdida — *vendre à perte*
comprar — *acheter*
encargar — *commander*
entregar — *livrer*
abrir, poner tienda — *ouvrir boutique*
quitar la tienda — *fermer boutique*
costar tres gordas — *coûter trois fois rien*
costar un ojo de la cara — *coûter les yeux de la tête*
salir caro — *revenir cher, coûter cher*
vender caro — *vendre cher*
atender al cliente — *s'occuper du client*
es un capricho — *c'est une folie*

1 Conversion

Pour chaque mot souligné, trouvez un mot appartenant à une autre catégorie grammaticale.
Ex. : Aquí tiene usted el muestrario : podrá ver usted los colores y la calidad de los tejidos.
el muestrario (n) = *un échantillonnage* → la muestra (n) = *l'échantillon* → mostrar (v) = *montrer*

1. Es una tienda que vende mucho 2. No deja de comprarse ropa y ya no le cabe en el armario 3. Estoy esperando las rebajas de verano para comprarme el traje azul que vi en el escaparate la semana pasada

2 Expression (1)

Retrouvez cinq expressions à partir des deux listes :

1. Una barra	(a) de caramelos
2. Una bolsa	(b) de jabón (savon)
3. Un paquete	(c) de pan
4. Una tableta	(d) de galletas
5. Una pastilla	(e) de chocolate

3 Expression (2)

Retrouvez dans la liste B, la traduction des expressions de la liste A.

A	B
1. Comprar a plazos	(a) Payer comptant
2. Pagar al contado	(b) Avoir envie de quelque chose
3. Antojársele a uno algo	(c) Payer à la caisse
4. Estar fuera de precio	(d) Acheter à crédit
5. Abonar en caja	(f) Être hors de prix

4 Question-réponse

Trouvez la réponse qui correspond à la question.
1. ¿ Cuánto cuesta ?, ¿ Cuánto vale ?, ¿ Cuánto es ? 2. ¿ Necesita algo más ?, ¿ Alguna cosita más ? 3. ¿ Le atienden ? 4. ¿ Aceptan ustedes la tarjeta de crédito ? 5. ¿ Me hacen un descuento por llevar dos camisas ? 6. Quisiera probarme estos vaqueros …

(a) ¿ Cómo no ?, el probador está al fondo, a la derecha (b) No podemos, son prendas que ya llevan descuento (c) Son setenta y dos euros el conjunto (d) Por hoy, es todo (e) Lo siento, sólo aceptamos los pagos en efectivo (f) No, quisiera ver unos zapatos del escaparate… son éstos… gasto un « 7 » (plus utilisé que « 37 »)

5 Déduction

Trouvez dans la deuxième série une réponse aux questions de la première.
¿ Adónde irá usted ?
1. para comprar una botella de vino 2. para comprar un poco de queso manchego 3. para comprar un solomillo de ternera 4. para lavar la ropa sucia 5. para dar a arreglar un reloj que se ha parado 6. para dar a limpiar un traje con una mancha 7. para comprar fruta 8. para comprar una cajetilla de cigarrillos

(a) la expendeduría (b) la relojería (c) la tintorería (d) la carnicería (e) la frutería (f) la bodega (g) la mantequería, la quesería (h) la lavandería

6 Classement

Retrouvez leur contraire.
1. vender 2. caro 3. la oferta 4. el libre cambio 5. pedir 6. la inflación 7. el comercio al por menor 8. los grandes almacenes 9. subir los precios

(a) el comercio al por mayor (b) la autarquía (c) comprar (d) la tienda (e) la deflación (f) barato (g) bajar los precios (h) la demanda (h) ofrecer

---

¡ OJO !

Los estamos vendiendo como rosquillas = Nous les vendons comme des petits pains.

Comprar a ciegas = Acheter chat en poche.

Fuera de casa

Gustarle a alguien mucho empinar el codo.

▬ Noms

▶ el restaurante, el restaurant	le restaurant
la posada, el mesón	l'auberge
el posadero, el mesonero	l'aubergiste
el café	le café
el bar, la tasca	le bar, le bistrot
la cervecería	la brasserie
la cafetería	le café, le snack-bar
el camarero	le garçon de café, le serveur
▶ una caña (de cerveza)	un demi (de bière)
el cubalibre	le rhum-Coca
la sangría	la sangria
las tapas	les amuse-gueule
▶ la comida rápida	la restauration rapide
la lista de vinos	la carte des vins
el menú, la lista de platos, el cubierto	le menu, la carte
el menú turístico	le menu touristique
la cuenta	l'addition, la note
la propina	le pourboire
▶ la hostelería	l'hôtellerie
el hotel	l'hôtel
el hostal	le petit hôtel, l'auberge
el hostal residencia	le petit hôtel sans service de restauration
la pensión, la casa de huéspedes	la pension de famille
el hotel de cuatro estrellas	l'hôtel quatre étoiles
la recepción	la réception
el recepcionista	le réceptionniste
la habitación sencilla	la chambre simple, pour une personne
la habitación doble	la chambre double
con desayuno	avec petit déjeuner
con cuarto de baño	avec salle de bains
pensión completa	pension complète
media pensión	demi-pension
el jefe recepcionista	le chef de réception
la camarera	la femme de chambre
el botones	le groom
el equipaje	les bagages
la maleta	la valise
el maletín	la petite valise, la mallette
▶ el paseo	la promenade
el viaje	le voyage
el agencia de viajes	l'agence de voyages
el viaje organizado	le voyage organisé
el crucero	la croisière

▬ Adjectifs

lujoso	luxueux
concurrido	fréquenté
atestado	bondé
selecto	chic, choisi
acogedor	accueillant

▬ Verbes et expressions

alojarse en un hotel	descendre dans un hôtel
ir de copas, ir de vinos, estar de copas	faire la tournée des cafés, prendre des verres
pagar una ronda	payer une tournée
emborracharse	se saouler
llevar una vida de juerguista	mener une vie de polichinelle
Nos costó mil y pico	Cela nous a coûté mille pesetas et des poussières
alquilar la primera quincena de agosto	louer la première quinzaine d'août

EXERCICES

◼ Conversion

Pour chaque mot souligné, trouvez un mot appartenant à une autre catégorie grammaticale.
Ex. : Me apetece cenar en el hotel pero primero me gustaría ducharme.
ducharse (v) = *prendre une douche* → la ducha (n) = *la douche*

1. Tenemos muchísimas ganas de hacer un crucero por el Mediterráneo
2. ¿ Por qué no quedamos todos en la cafetería Goya ?
3. Consiguió una buena propina
4. Llegaron tan tarde a aquel pueblecito que no pudieron sino alojarse en un hotelucho de mala muerte.

◻ Dérivation

Trouvez des mots dérivés des mots suivants :
1. ir de tapas **2.** el lujo **3.** el recepcionista **4.** el café **5.** reservar **6.** viajar **7.** el copeo **8.** una cervecería

◻ Question-réponse

Trouvez la réponse qui correspond à la question.
1. Te invito. ¿ Qué tomas ? **2.** ¿ Dónde podemos dejar el equipaje ? **3.** ¿ A qué hora tenemos que dejar la habitación ? **4.** ¿ Me puede usted traer un café a la habitación ? **5.** Por favor, ¿ qué número tengo que marcar para llamar a Madrid ? **6.** ¿ Le queda alguna habitación con vista al mar ? **7.** ¿ Cuántos días se piensan quedar ? **8.** ¿ Van a merendar o a cenar ? **9.** ¿ Le quedan todavía vacaciones ?

(a) Por supuesto, ¿ lo quiere solo o con leche ? **(b)** Vamos a merendar, ¿ nos trae un chocolate con churros ? **(c)** Pensamos quedarnos una semana por lo menos **(d)** Algunos días, pero ya muy poquitos **(e)** Lo siento. Todas las habitaciones con balcón están ocupadas. Nos queda una habitación que da a un patio muy fresquito **(f)** Déjelo aquí, ahora mismo se lo sube el mozo **(g)** Aquí tiene usted la lista de los diferentes prefijos **(h)** Antes de mediodía **(i)** Voy a tomar una horchata

◻ Apprenez en lisant

Complétez les phrases suivantes à l'aide des mots fournis :
1. No nos digas que no tienes tiempo para venir con nosotros a …
2. Siempre que podemos vamos a este restaurante donde sirven una … casera
3. Es un bar muy …
4. Me encanta desayunar en esta cafetería porque proponen una… exquisita

(a) comida **(b)** bollería **(c)** tomar una copa **(d)** concurrido

CHARLANDO
– ¿ Qué van a tomar ?
– Dos cafés con hielo, un cortado y uno solo.
– ¿ Y de tapas ?
– Unos pinchos morunos
– ¡ Ahí va !

– ¿ Nos cobra ?
– Son ochocientas

– ¿ Nos trae la cuenta ?
– Ahora mismo

– ¿ Es usted la última ?
– Pues, no, me ha dado la vez esta señora y yo se la he dado a una señora rubia … pero no la veo
– Por favor, ¿ quién es la última ?
– Sí, soy yo. La señora que me la dio se fue.
– Gracias. Entonces voy detrás de usted.

¡ OJO !
Ver/Mirar Ver la tele(visión)

107

NATURALEZA
LA GENTE
LA VIDA EN LA CIUDAD
SOCIEDAD
ECONOMÍA
CIENCIAS
UNAS CUANTAS NOCIONES

La publicidad

> Cantar las alabanzas de algo.

■ Noms

▶ la publicidad	la publicité
el marketing	le marketing
el anuncio, el aviso	l'annonce, la publicité
el mensaje	le message
la agencia de publicidad	l'agence de publicité
la campaña de publicidad	la campagne de publicité
el medio de comunicación	le média
▶ el folleto, el prospecto	le dépliant, le prospectus
el cartel	l'affiche
la valla publicitaria	le panneau publicitaire
▶ el eslogan, el lema	le slogan
la feria	la foire
el salón del automóvil	le salon de l'automobile
el escaparate	la vitrine (de magasin)
▶ el anunciante, el agente publicitario	l'annonceur, le publicitaire
el conceptor, el diseñador	le concepteur, le dessinateur
el patrocinio	le sponsoring
el patrocinador	le sponsor
el mecenas	le mécène
las relaciones públicas	les relations publiques
la imagen de marca	l'image de marque
la marca registrada	la marque déposée
grandes marcas	de grandes marques
el producto de marca	le produit de marque
el estudio de mercado	l'étude de marché
el sondeo de opinión	le sondage d'opinion
el consumidor	le consommateur
el comprador	l'acheteur
el público destino	le public ciblé
el deseo	le désir
el blanco	la cible
el panel	le panel

■ Adjectifs

placentero	plaisant
atractivo, atrayente	séduisant, attrayant
suntuoso	somptueux
logrado	réussi
machacón	qui rabâche avec insistance
(publicidad) engañosa	(publicité) trompeuse, mensongère
(la publicidad) machacona	le matraquage publicitaire
chillón, llamativo	criard
publicitario	publicitaire
condicionado	conditionné

■ Verbes et expressions

hacer publicidad para algo	faire de la publicité pour qqch.
atraer	attirer
llamar la atención	attirer l'attention
seducir	séduire
alabar	vanter
pretender	prétendre
engañar	tromper
estafar, timar	escroquer
promover	promouvoir, faire de la promotion
patrocinar	sponsoriser
dirigirse a	cibler, s'adresser à
lanzar un producto nuevo	lancer un nouveau produit
inundar el mercado	inonder le marché

EXERCICES

1 Conversion

Pour chaque mot souligné, trouvez un mot appartenant à une autre catégorie grammaticale.
Ex. : Varias empresas <u>patrocinaron</u> aquella exposición tan interesante.
patrocinar (v) = *sponsoriser* → el patrocinador (n) = *le sponsor*

1. Están esperando el momento más adecuado para <u>el lanzamiento</u> de un nuevo producto. **2.** Están llevando a cabo una encuesta : se trata de <u>apuntar a un blanco</u> y no equivocarse. **3.** Es <u>el diseñador</u> del anuncio de la leche condensada.

2 Dérivation

Trouvez des mots dérivés des mots suivants :
1. publicitario **2.** el patrocinio **3.** consumir **4.** la promoción

3 Synonyme

Trouvez un mot ou une expression de sens voisin.
1. el anuncio **2.** el eslogan **3.** el publicista **4.** el diseñador **5.** estafar

4 Antonyme

Trouvez un mot ou une expression de sens opposé.
1. ineficaz **2.** discreto **3.** repulsivo

5 Expression

Retrouvez cinq expressions à partir des deux listes, puis retrouvez leur traduction :
A
1. Lograr (el anunciante)
2. Apuntar
3. Para muestra
4. El sondeo sobre
5. Lanzar
(a) a un blanco
(b) una muestra representativa
(c) un producto
(d) su propósito
(e) basta un botón

B
(a) Viser une cible **(b)** Le sondage sur un échantillon représentatif **(c)** Faire le lancement d'un produit, lancer un produit **(d)** Atteindre son but **(e)** Un simple échantillon suffit

6 Équivalent

Retrouvez l'expression ou le mot français correspondant :
1. el soporte **2.** el plan de marketing **3.** el logotipo **4.** el producto promocionado **5.** el impacto **6.** la publicidad institucional

CHARLANDO
– En la publicidad dirigida al hombre se utiliza a la mujer como reclamo erótico.
– ¿O sea que la publicidad es machista… ?
– Claro que lo es. La mujer de carne y hueso no es la mujer de la publicidad.
– Tienes razón, se venden más coches utilizando a una mujer despampanante y provocativa. Pero, el hombre de la publicidad tampoco es el hombre del montón, el hombre corriente y moliente sino un rubio de ojos azules deportista, con piel curtida… que se pasa la vida en cruceros.
– Y claro, … con dinero.

NATURALEZA
LA GENTE
LA VIDA EN LA CIUDAD
SOCIEDAD
ECONOMÍA
CIENCIAS
UNAS CUANTAS NOCIONES

El banco

> Poderoso caballero es Don Dinero.

▰ Noms

▶ el banco	*la banque*
el banco de depósito	*la banque de dépôt*
la caja de ahorros	*la caisse d'épargne*
la caja de previsión	*la caisse de prévoyance*
la caja de caudales	*le coffre-fort*
la cámara acorazada	*la chambre forte*
la hucha	*la tirelire*
▶ el cuentacorrentista	*le titulaire du compte courant*
la cuenta corriente	*le compte courant*
la cuenta corriente postal	*le compte courant postal*
la cuenta de depósito	*le compte de dépôt*
la cuenta bloqueada	*le compte bloqué*
el descubierto	*le découvert*
el extracto de cuenta	*l'extrait de compte*
el talón (bancario)	*le chèque (bancaire)*
el cheque al portador	*le chèque au porteur*
el cheque cruzado	*le chèque barré*
el cheque nominativo	*le chèque à ordre*
el talonario	*le chéquier*
▶ el préstamo	*le prêt*
el tipo de interés	*le taux d'intérêt*
el saldo acreedor	*le solde créditeur*
el saldo deudor	*le solde débiteur*
la transferencia	*le virement*
el depósito	*le dépôt*
los giros postales	*les mandats postaux*
la orden de pago	*la traite*
el pagaré	*le billet à ordre*
el recibo	*le reçu*
▶ el banquero	*le banquier*
el empleado de un banco	*l'employé d'une banque*
el cajero	*le caissier*
▶ el dinero	*l'argent*
la pasta (pop.)	*le fric*

las monedas	*les pièces de monnaie*
el suelto	*la (petite) monnaie*
el (dinero) líquido	*l'argent liquide*
el billete (de banco)	*le billet (de banque)*
los ahorros	*les économies*
el cajero automático	*le guichet, le distributeur automatique*
la tarjeta de crédito	*la carte de crédit*

▰ Adjectifs

bancario	*bancaire*

▰ Verbes et expressions

cobrar dinero	*toucher de l'argent*
abrir una cuenta	*ouvrir un compte*
cerrar la cuenta	*fermer le compte*
cargar en una cuenta	*prélever sur le compte*
depositar dinero	*déposer de l'argent*
sacar dinero	*retirer de l'argent*
hacer una transferencia, girar (dinero)	*faire un virement, faire un virement postal*
extender un cheque	*faire, libeller un chèque*
estar en descubierto	*être à découvert*
endosar	*endosser (un chèque)*
cobrar un cheque	*toucher un chèque*
tener los cuartos, manejar el dinero	*avoir, tenir la bourse*
prestar	*prêter*
pedir prestado	*emprunter*
no tener una blanca, estar sin una blanca	*être fauché, être sans un rond*
estar sin una gorda	*être sans le sou*
no tener ni una perra	*n'avoir pas un sou*
préstame 0,60 euros	*prête-moi 0,60 euros*

EXERCICES

◼ Synonyme

Trouvez un mot ou une expression de sens voisin.
1. el cheque 2. la letra de cambio 3. el dinero (en) efectivo 4. ahorrar

◼ Antonyme

Trouvez un mot ou une expression de sens opposé.
1. sacar dinero 2. abrir una cuenta 3. el saldo acreedor 4. ahorrar 5. pedir prestado

◼ Expression

Retrouvez onze expressions à partir des deux listes puis retrouvez la traduction de chacune des expressions :
A

1. Bienes mal adquiridos	(a) a la cuarta pregunta
2. Dinero	(b) un cuarto
3. El dinero	(c) rompe el saco
4. El tiempo	(d) a nadie han enriquecido
5. Estar	(e) no tiene olor
6. La codicia	(f) llama dinero
7. Poderoso caballero	(g) por la ventana
8. Poner	(h) es oro
9. Tirar la casa	(i) de su bolsillo
10. Sin soltar	(j) es Don Dinero
11. Aflojar	(k) la bolsa

B
(a) L'argent n'a pas d'odeur (b) Être sans le sous (c) L'argent appelle l'argent (d) L'amour fait beaucoup, mais l'argent fait tout (e) Jeter son bien par les fenêtres (f) En être de sa poche (g) On risque de tout perdre en voulant tout gagner (h) Bien mal acquis ne profite jamais (i) Le temps c'est de l'argent (j) Sans bourse délier (k) Dénouer les cordons de la bourse

◼ Conversion

Pour chaque mot souligné, trouvez un mot appartenant à une autre catégorie grammaticale.

Ex. : Nunca prestes dinero a tus amigos.
prestar (v) = *prêter* → el préstamo (n) = *le prêt*
1. ¿ Firmaste el cheque antes de mandarlo ? 2. Es preciso cambiar dinero antes de llegar a un país extranjero 3. Es una moneda que ha sufrido varias devaluaciones 4. Una letra de cambio ha de pagarse a su vencimiento

◼ Apprenez en lisant

Complétez les phrases suivantes à l'aide des mots fournis :
1. No consigue salir adelante con ... que tiene 2. Por tener dos cartillas (livrets) en el mismo banco ... 3. Para comprarse el chalé tuvo que ... 4. Sin darse cuenta, dio un ...

(a) cheque sin fondos (b) el crédito (c) cobrar un buen interés (d) contraer un empréstito

CHARLANDO
– Estoy averiguando qué banco ofrece más ventajas al abrir una cuenta.
– El mío está proponiendo alguna ventaja interesante.
– Oye, me interesa saber...
– Pues, si abres una cuenta corriente, el banco te da un 9 % de interés por tus ahorros. Además puedes pedir créditos muy asequibles. Y no es todo...
– No me digas...
– Además te dan una tarjeta propia con la que puedes comprar, en algunas tiendas, a precios muy especiales.
– Me estás convenciendo...
– Me parece que tienes que abrir la cuenta antes del 15. Entérate.
– Vale, gracias.

¡ OJO !

La Banca : (commerce des valeurs et profession)
El Banco : (établissement)

Américanisme : el dinero = la plata

NATURALEZA

LA GENTE

LA VIDA EN LA CIUDAD

SOCIEDAD

ECONOMÍA

CIENCIAS

UNAS CUANTAS NOCIONES

Europa y el comercio exterior

Acuñar moneda.

▰▰ Noms

▶ el Mercado Común — le Marché commun
la Comunidad Europea — la Communauté européenne
la Unión Europea — l'Union européenne
el control de gasto público — le contrôle de la dépense publique
el sistema monetario europeo — le système monétaire européen
el portavoz del grupo — le porte-parole du groupe
parlamentario (de tal partido) — parlementaire (de tel parti)
las tensiones de la vida pública — les tensions de la vie publique
la política agrícola — la politique agricole
la subvención — la subvention
el Estado miembro, el Estado partícipe — l'État membre
el Parlamento europeo — le Parlement européen
la conferencia en la cumbre — la conférence au sommet
el acuerdo, el convenio — l'accord
el tratado — le traité

▶ el inmigrante — l'immigré
el extranjero — l'étranger
el forastero — l'étranger (d'une autre ville)
los naturales, los nacionales (de un país) — les ressortissants
la inmigración ilegal — l'immigration clandestine
el pasaporte — le passeport
el carnet, el carné, el documento nacional de identidad — la carte d'identité
la supresión de los aranceles — la suppression des droits de douane

▶ las barreras aduaneras, arancelarias — les barrières douanières

el libre cambio — le libre-échange
el proteccionismo — le protectionnisme
el comercio exterior — le commerce extérieur
el desequilibrio — le déséquilibre
la balanza comercial — la balance commerciale

▶ un país de moneda débil ; fuerte — un pays à monnaie faible ; forte
la unión monetaria — l'union monétaire
la moneda única — la monnaie unique
el acuerdo monetario — l'accord monétaire
el tipo de cambio — le taux de change
el cambista ; el trueque — le cambiste ; le troc

▰▰ Adjectifs

europeo — européen
europeísta — favorable au Marché commun

▰▰ Verbes et expressions

ingresar en la CEE — adhérer à la CEE
controlar, registrar — contrôler
pasar la frontera — traverser la frontière
buscar asilo político — demander l'asile politique
declarar — déclarer (des marchandises)
pasar algo de contrabando, fraudulentamente — passer qqch. en fraude
despachar — expédier (des marchandises)
importar mercancías — importer des marchandises
exportar a (un país) — exporter vers (un pays)
limitar la distribución de — contingenter
no dejan de aumentar las exportaciones — les exportations ne cessent d'augmenter

EXERCICES

1 Conversion

Pour chaque mot souligné, trouvez un mot appartenant à une autre catégorie grammaticale.
Ex. : En la conferencia de la cumbre, se puso sobre el tapete el tema del sistema monetario actual
monetario (adj.) = *monétaire* → la moneda (n) = *la monnaie*

1. Muchos países de Europa del este desean pertenecer a Europa y sueñan con ingresar lo antes posible en la Unión Europea. **2.** Acaban de firmar un convenio interesante entre los dos continentes **3.** Detuvieron al contrabandista **4.** Han subido mucho los impuestos este año **5.** Temían que los aduaneros los detuviesen

2 Dérivation

Trouvez des mots dérivés des mots suivants :
1. las importaciones **2.** cambiar **3.** los aranceles **4.** la burocracia **5.** la moneda **6.** exportar

3 Expression

Retrouvez la traduction des expressions suivantes :

1. Cumplir los requisitos para …	**(a)** Négocier un traité
2. Negociar un tratado	**(b)** La rencontre au sommet
3. El derecho de asilo	**(c)** Le demandeur d'asile
4. El encuentro de alto nivel	**(d)** Remplir les conditions requises pour…
5. El solicitante de asilo	**(e)** La carte, le permis de séjour
6. El permiso, la la tarjeta de residencia	**(f)** Le droit d'asile
7. Los derechos arancelarios	**(g)** Passer la douane
8. Pasar por la aduana	**(h)** Les droits de douane

4 Définition

Trouvez pour chaque élément de la première série sa définition dans la seconde.
1. El término oficial del nativo de otro país **2.** Es una ayuda que dan los gobiernos **3.** Es el lugar donde a los ricos les gusta invertir su dinero dadas las bajas tasas de imposición **4.** Es comprar bienes o servicios a otros países **5.** Es la moneda extranjera que entra en otro país

(a) la divisa **(b)** el extranjero **(c)** las importaciones **(d)** el paraíso fiscal **(e)** la subvención

5 Apprenez en lisant

Complétez les phrases suivantes à l'aide des mots fournis :
1. El primero de enero de 1986 fue cuando tuvo lugar … de España en la Comunidad Económica Europea **2.** Con el Mercado único en 1993 se suprimieron todos los … **3.** Para llegar a la moneda única, todos los países europeos han tratado de cumplir … . **4.** Desaparecen … pero las regiones a menudo quieren asentar su identidad respecto a los estados **5.** … son más importantes hacia los países ricos que hacia los pobres

(a) las fronteras **(b)** el ingreso **(c)** las exportaciones **(d)** los requisitos **(e)** los derechos de aduana

6 Équivalent

Trouvez l'équivalent français des expressions ou mots suivants :
1. el burócrata **2.** la frontera **3.** la moneda fuerte **4.** negociar **5.** la aduana **6.** el paraíso fiscal **7.** abolir

---

¡ OJO !

España y Portugal forman la península ibérica.
Francia, Italia, Bélgica, Luxemburgo y los Países Bajos fueron los primeros miembros del Mercado Común.
Los Estados Unidos. El Reino Unido.

NATURALEZA
LA GENTE
LA VIDA EN LA CIUDAD
SOCIEDAD
ECONOMÍA
CIENCIAS
UNAS CUANTAS NOCIONES

Los impuestos y la bolsa

Ahorros de chicha y nabo.

▰ Noms

▶ los impuestos, los tributos — *les impôts*
el contribuyente — *le contribuable*
la recaudación — *la perception*
el erario público — *le trésor public*
el fisco, el tesoro público — *le fisc*
el ministerio de Hacienda — *le ministère des Finances*
el ministro de Hacienda — *le ministre des Finances*
el impuesto sobre la renta — *l'impôt sur le revenu*
el IVA (el impuesto sobre el valor añadido) — *la T.V.A. (la taxe à la valeur ajoutée)*
el fraude fiscal — *la fraude fiscale*

▶ el seguro — *l'assurance*
la póliza de seguro — *la police d'assurance*
la prima de seguro — *la prime d'assurance*
el seguro a terceros — *l'assurance au tiers*
el seguro a todo riesgo — *l'assurance tous risques*
el agente de seguros — *l'agent d'assurance*
la compañía de seguros — *la compagnie d'assurances*
el perito de seguros — *l'expert*

▶ la Bolsa — *la Bourse*
el agente de cambio y bolsa — *l'agent de change*
el mercado financiero — *le marché financier*
la acción — *l'action*
el título — *le titre*
el valor — *la valeur*
la obligación — *l'obligation*
el obligacionista — *l'obligataire*
el juego de Bolsa de poca monta — *le boursicotage*
el inversionista — *l'investisseur*
el accionista — *l'actionnaire*

la cartera de acciones — *le portefeuille d'actions*
los intereses — *les intérêts*
el interés vencido — *l'intérêt échu*
la cotización — *la cote, le cours*
el crac financiero — *le krach financier*
el delito de iniciado — *le délit d'initié*

▰ Adjectifs

declarado — *déclaré*
asegurado — *assuré*
rico — *riche*
acomodado — *aisé*
pobre — *pauvre*
mísero — *misérable*
ahorrador — *économe*
derrochador — *gaspilleur, dépensier*
bursátil — *boursier*
atrasado — *arriéré*
solvente — *solvable*
vencido — *échu*

▰ Verbes et expressions

pagar impuestos — *payer des impôts*
gravar con un impuesto — *frapper d'un impôt*
declarar los impuestos — *faire une déclaration d'impôts*
hacer una declaración de siniestro — *faire une déclaration de sinistre*
cobrar una indemnización — *se faire indemniser*
a plazo vencido — *à terme échu*
invertir — *investir*
colocar dinero — *placer de l'argent*
especular — *spéculer*
jugar flojo a la Bolsa — *boursicoter*
bajar — *baisser*
subir — *grimper*
cotizar — *coter*
jugar a la baja — *jouer à la baisse*
jugar al alza — *jouer à la hausse*

EXERCICES

① Équivalent

Trouvez l'équivalent français des expressions ou mots suivants :
1. La acción al portador 2. El dividendo 3. El seguro de vida 4. El seguro de responsabilidad civil 5. Colocar dinero a interés

② Dérivation

Trouvez des mots dérivés des mots suivants :
1. las inversiones 2. la especulación 3. el bolsista 4. accionario

③ Expression

Retrouvez sept expressions à partir des deux listes :

1. Jugar   (a) en algo
2. Invertir   (b) su fortuna
3. Pagar   (c) dinero
4. Declarar   (d) en Bolsa
5. Colocar   (e) los impuestos
6. Cotizar   (f) a la Bolsa
7. Derrochar   (g) impuestos

④ Synonyme

Trouvez un mot ou une expression de sens voisin.
1. adinerado 2. holgado 3. jugar flojo a la Bolsa 4. invertir

⑤ Antonyme

Trouvez un mot ou une expression de sens opposé.
1. pobre 2. jugar a la baja 3. derrochador

⑥ Apprenez en lisant

Complétez les phrases suivantes à l'aide des mots fournis.
1. Especularon sobre ... pero también sobre la baja
2. Le dieron el curso ... del día anterior
3. El deudor se comprometió a pagar ...
4. Se dio cuenta de que su documento vencía un día ...

(a) la deuda (b) feriado (c) el alza (d) legal

ADIVINANZA (1)
¿ Quién es ese gran señor
que va corriendo por tierra
con armas en paz y en guerra,
que a unos presta gran valor
y a otros sume en la miseria ?

CHARLANDO
 – No sé si comprar alguna acción...
 – Mira, no te arriesgues.
 – A ti te ha ocurrido algo.
 – No es eso, es que cuando uno no entiende nada, no sabe cómo funciona el mundo de la Bolsa, pues, siempre corre algún riesgo...
 – O sea que no perdiste tu fortuna... no te quedaste sin una gorda.
 – Bueno, ni me quedé sin ahorros, ni me enriquecí, pero no te aconsejo que inviertas... sin enterarte.
 – Pues, seguiré tus consejos. Me lo pensaré.

ADIVINANZA (2)
Corro y corro,
ruedo y ruedo;
si de un bolsillo me sacan
en otro bolsillo quedo.

¡ OJO !	
Algunos gerundios	
invertir	invirtiendo
sentir	sintiendo
pedir	pidiendo
dormir	durmiendo
poder	pudiendo

NATURALEZA
LA GENTE
LA VIDA EN LA CIUDAD
SOCIEDAD
ECONOMÍA
CIENCIAS
UNAS CUANTAS NOCIONES

Sustancias

> La palabra es plata y el silencio oro.

▬ Noms

▶ la sustancia	la substance
la materia	la matière
el material	le matériau
el producto químico	le produit chimique
▶ el sólido	le solide
el líquido	le liquide
el gas	le gaz
la burbuja	la bulle (d'air)
el aceite	l'huile
la grasa	la graisse
▶ el agua	l'eau
el ácido	l'acide
el alcohol	l'alcool
el carbono	le carbone
el sodio	le sodium
el almidón	l'amidon
el azufre	le soufre
el amoniaco	l'ammoniaque
▶ el combustible	le combustible
el carbón	le charbon
el carbón de leña	le charbon de bois
el petróleo	le pétrole
▶ el hormigón	le béton
el cemento	le ciment
el yeso	le plâtre
el mortero	le mortier
la arena	le sable
▶ el metal	le métal
la aleación	l'alliage
el acero	l'acier
el plomo	le plomb
el mercurio	le mercure
la herrumbre, el orín, el moho	la rouille
▶ la madera	le bois
la leña, la madera seca	le bois mort
la madera contra-chapeada	le contreplaqué
el papel	le papier
el cartón	le carton

▶ el jabón	le savon
el betún	le cirage
la cera	la cire
▶ la pintura	la peinture
el colorante, el tinte	le colorant, la teinture
la tinta	l'encre
el alquitrán	le goudron
▶ el tejido	le tissu
el algodón	le coton
la lana	la laine
el terciopelo	le velours
la seda	la soie
la tela, el paño	l'étoffe
la lona	la toile
▶ el cuero	le cuir
el ante	le daim
la piel	la fourrure
▶ el plástico	le plastique
el nilón, el nailón	le nylon
▶ el oro ; la plata	l'or ; l'argent

▬ Adjectifs

líquido	liquide
sólido	solide
gaseoso	gazeux
aceitoso	huileux
graso, grasiento	gras, graisseux
pegajoso	collant, gluant
adhesivo	adhésif
viscoso	visqueux
metálico	métallique
tomado, herrumbroso, mohoso	rouillé
chapado en oro	plaqué (d'or)

▬ Verbes et expressions

de goma	en caoutchouc
contener	contenir

EXERCICES

1 Définition

Trouvez à quelle substance ou matière la définition fait référence.
1. Lo hay en las patatas **2.** Hay mucho en el aguardiente **3.** La fórmula es H_2O **4.** Es muy útil para hacer churrascos (les grillades) **5.** Flota en el agua **6.** Lo hay en la sal **7.** Es negro **8.** La hay en gran cantidad en las buenas playas **9.** Aparece en los objetos metálicos que se dejan bajo la lluvia **10.** Es más espeso que un folio **11.** La piel curtida de ciertos animales **12.** Los defensores del medio ambiente son hostiles a las mujeres que llevan abrigos hechos de ella **13.** Es preferible no salir a la calle, cuando llueve, con zapatos de esa materia **14.** El Dorado atrajo a los españoles que soñaban con encontrar mucho **15.** Es una sustancia venenosa y tóxica

2 Famille de mots

Regroupez les mots qui suivent en fonction de la matière dont les objets désignés peuvent être faits.
(a) la madera **(b)** el metal **(c)** el plástico **(d)** el tejido **(e)** el cristal

1. Una viga (une poutre) **2.** Un vaso (un verre) **3.** Una cinta (un ruban) **4.** Una hoja (une feuille) **5.** Un tubo (un tuyau) **6.** Un banco (un banc) **7.** El armazón (la charpente) **8.** Un mantel (une nappe) **9.** El flotador (la bouée) **10.** Un puente (un pont) **11.** Un juguete (un jouet) **12.** Una silla de mimbre (une chaise en osier) **13.** Una farola (un réverbère, un lampadaire) **14.** Un balón

3 Déduction

Trouvez le sens des mots soulignés grâce au contexte.
1. Una <u>botella</u> de vino **2.** Un <u>tarro</u> de mermelada **3.** La <u>caja</u> de las herramientas **4.** Una <u>garrafa</u> de agua **5.** Una <u>lata</u> de sardinas **6.** Un <u>tubo</u> de pasta dental **7.** Un <u>frasco</u> de colonia

4 Apprenez en lisant

Trouvez le sens des mots soulignés à l'aide du contexte.
1. <u>Dos átomos de hidrógeno</u> y un átomo <u>de oxígeno</u> forman una molécula de agua **2.** <u>El núcleo</u> es la parte central de un átomo **3.** Quisiera dos <u>terrones</u> de azúcar **4.** Por la mañana, como dos <u>rebanadas</u> de pan **5.** El pantalón y la camisa quedaron hechos <u>jirones</u> **6.** Ha nevado mucho, hay <u>una capa</u> espesa de nieve **7.** Le dio las señas y el teléfono en <u>un trozo</u> de papel **8.** ¿Por qué no añades <u>una pizca</u> de sal ? **9.** Prefieren comprar la leche en <u>envase de cartón</u>

CHARLANDO
– ¿ Es biodegrable este producto ?
– Sí, me parece que sí. Pero pone aquí que no hay que ingerirlo y, sobre todo, hay que mantenerlo fuera del alcance de los niños.
– Bueno, casi todos estos productos son peligrosos. Así que, ¡ Cuidado !

¡ OJO !

– Los hay de plata y de oro.
– ¿ Los prefiere de plata <u>u</u> oro ?

NATURALEZA
LA GENTE
LA VIDA EN LA CIUDAD
SOCIEDAD
ECONOMÍA
CIENCIAS
UNAS CUANTAS NOCIONES

¿ Se te ha roto algo ?

Faltarle un tornillo a alguien.

▬ Noms

▶ el medio — *le moyen*
el procedimiento — *le procédé*
el proceso — *le processus*
la reunión de piezas separadas — *l'assemblage de pièces détachées*
el montaje — *le montage*
la construcción — *la construction*

▶ la herramienta — *l'outil*
el aparato — *l'appareil*
el torno — *le tour*
el torno, la máquina herramienta — *la machine-outil*
el tornillo — *la vis*
la llave de tuerca — *la clef à vis*
el perno, la arandela — *la rondelle, le joint*
la tuerca — *l'écrou*

▶ el rodamiento, el cojinete de bolas — *le roulement à billes*
la rueda dentada — *la roue dentée*
el piñón — *le pignon*

▶ el cambio, la modificación — *le changement, la modification*
el arreglo, el ajuste — *le réglage*
la reparación — *la réparation*
la localización de la avería — *la localisation de la panne*
la revisión — *la révision*
la demolición — *la démolition*

▬ Adjectifs

irreparable — *irréparable*
inflamable — *inflammable*
ininflamable — *ininflammable*
impermeable — *imperméable*
desechable — *jetable*

▬ Verbes et expressions

concebir — *concevoir*
dibujar, diseñar — *dessiner*
poner a punto — *mettre au point*

(une machine)
fabricar ; montar — *fabriquer ; monter*
transformar — *transformer*
mezclar — *mélanger*
utilizar, usar, emplear — *utiliser, employer*
funcionar, andar, marchar — *fonctionner, marcher*
estropearse — *se détériorer*
empeorar — *empirer*
deteriorar — *abîmer, endommager*
estropear — *abîmer*
enderezar — *redresser, remettre d'aplomb*
reparar, arreglar — *réparer*
modificar — *modifier*
ajustar, regular — *régler*
revisar — *réviser*
desmontar, desarmar — *démonter*
derribar, echar abajo — *démolir*
cortar — *couper ; trancher*
tronzar, hacer trozos — *tronçonner*
talar — *couper les arbres*
seccionar — *sectionner*
desenchufar, desconectar — *débrancher*
quitar, retirar — *enlever*
extraer, sacar — *extraire*
deshacerse de — *se débarrasser de*
romper, desgarrar — *déchirer*
romper, quebrar — *casser, briser*
arrasar ; destruir — *raser ; détruire*
aplastar — *écraser*
hacer pedazos, hacer añicos, despedazar — *mettre en pièces, briser*
desmantelar — *démanteler*
prender fuego a — *mettre le feu à*
incendiarse — *prendre feu*
quemar — *brûler*
estallar, reventar — *éclater*
estallar, explotar, volar — *exploser*

EXERCICES

1 Équivalent

Donnez le sens des mots suivants, proches du français :
1. el proyecto 2. el tornillo de cabeza plana 3. el tornillo de cabeza redonda 4. la fórmula 5. la máquina 6. copiar 7. inventar 8. imitar

2 Définition

Trouvez les mots et leur traduction.
1. Sirven para reducir los frotes, los rozamientos en una máquina
2. Se clavan en la madera, en el metal etc. con un destornillador para sujetar cosas entre ellas
3. Es una pieza con un agujero en que hay labrada una hélice con el fin de que ajuste en ella un tornillo

(a) los cojinetes de bolas (les roulements à billes) (b) el tornillo (la vis) (c) la tuerca (l'écrou)

3 Synonyme (1)

Remplacez le verbe « destruir » par un autre verbe synonyme.
1. Durante la guerra, destruyeron la mayoría de los puentes con dinamita
2. Van a destruir la casita de ventanas azules 3. No se te ocurra destruir el castillo de naipes 4. Este año, el vendaval ha destruido muchas huertas

(a) volar (b) desbaratar (c) derribar, demoler (d) devastar

4 Synonyme (2)

Procédez par déduction afin de pouvoir remplacer le verbe « partir » par un synonyme.
1. Temo que se parta este palo por la mitad
2. Se partió la copa de cristal al lavarlo con agua caliente
3. Partieron el cordero asado con unos pocos tajos

4. Partieron la herencia entre todos sus hijos
5. Al caer, por poco se parte el brazo

(a) fracturar (b) distribuir (c) descuartizar (d) quebrar (e) romper

5 Synonyme (3)

Procédez par déduction afin de pouvoir remplacer le verbe « arreglar » par un synonyme.
1. El coche no arranca bien. Tengo que darlo a arreglar
2. ¿ Sigue tu paraguas sin arreglar ?
3. Niños, cuando hayáis terminado de jugar, tenéis que arreglar vuestro cuarto
4. Están tratando de arreglar un viaje por América latina
5. Se nos está haciendo muy tarde, me voy corriendo a arreglar la comida
6. Le voy a arreglar yo las cuentas a ese tipo
7. Llevamos viviendo diez años en esta casa y queremos ahora arreglarla, abriendo un balcón.

(a) organizar (b) componer (c) reformar (d) aviar (e) ajustar (f) ordenar (g) reparar

6 Expression

Retrouvez la traduction des expressions suivantes :

1. Apretar las tuercas a alguien
2. Le falta un tornillo
3. Vencer una resistencia

(a) Briser une résistance
(b) Serrer la vis à quelqu'un
(c) Il est un peu marteau, il lui manque une case

¡ OJO !

Romper (v.)
Roto (adj. ; part. passé)

La construcción

¡ Cuidado no te caigas !

▬▬ Noms

▶ el andamio, el andamiaje	*l'échafaudage*
la grúa	*la grue*
la escalera	*l'échelle*
la hormigonera	*la bétonnière*
la pala	*la pelle*
la llana, el palustre	*la truelle*
el nivel de aire	*le niveau à bulle*
la pala mecánica	*la pelle mécanique*
el hormigón armado	*le béton armé*
la viga	*la poutre*
el casco	*le casque*
el enladrillador, el solador	*le briqueteur*
las tablas (de madera), las planchas (de metal)	*les planches*
el serrucho	*la scie à main*
la sierra circular	*la scie circulaire*
la batidera	*le rabot (de maçon)*
el escoplo	*le ciseau à bois*
el martillo	*le marteau*
el clavo	*le clou*
▶ la fontanería	*la plomberie (métier)*
la soldadura	*la soudure*
el soldador	*le fer à souder*
el soplete	*la lampe à souder, le chalumeau*
la llave	*la clé*
las pinzas	*les pinces*
la corriente alterna	*le courant alternatif*
el amperio	*l'ampère*
la toma de tierra	*la prise de terre*
bajo tensión	*sous tension*
el cordón, el hilo eléctrico	*le fil (électrique)*
el fusible, el cordón	*le fusible*
la instalación eléctrica	*l'installation électrique*
el cableado	*le câblage*

una pila eléctrica de 9 voltios	*une pile de 9 volts*
el voltaje	*le voltage*
una resistencia	*une résistance*
el generador	*le générateur*
el disyuntor	*le disjoncteur*
el interruptor, la llave (de la luz)	*l'interrupteur*
el conmutador	*le commutateur*
el enchufe	*la prise, la fiche*
el enchufe flexible	*le raccord*
la luz	*la lumière*
la bombilla	*l'ampoule*
el casquillo, el casquete	*la douille*
▶ el papel pintado	*le papier peint*
el papel de lija	*le papier de verre*
el pincel	*le pinceau*
la brocha	*la brosse*
la escalera	*l'escabeau*
el bote de pintura	*le pot de peinture*
la pistola, el aeró-grafo, el pulverizador	*le pistolet à peinture*
▶ la perforadora, la taladradora	*la perceuse*
la barrena	*la mèche*
el banco (de carpintero)	*l'établi*
el destornillador de estrella	*le tournevis cruciforme*

▬▬ Verbes et expressions

clavar	*clouer*
soldar	*souder*
encolar	*encoller (le papier)*
enchufar, conectar	*brancher*
desenchufar, desconectar	*débrancher*
encender	*allumer*
apagar	*éteindre*
fundir (una bombilla)	*griller*

EXERCICES

1 Famille de mots

Regroupez les mots de la page de gauche désignant des outils servant à :
(a) permettre de monter (personnes, matériel)
(b) couper, séparer
(c) assembler, unir, joindre
(d) modifier la surface (d'un objet, d'un mur, etc.)
(e) faire circuler, couper le courant électrique
(f) peindre

2 Définition

Trouvez le mot défini.
1. Le puede salvar la vida en caso de tormenta y de tempestad
2. Resulta difícil clavar algo en una pared de ese tipo
3. Es necesario tener una a mano cuando se tiene que pintar un techo (a no ser que el pintor sea un gigante...)
4. Es imprescindible utilizar una muy dura para taladrar una pared de hormigón armado
5. Manténgalo derecho, y escurra la pintura si no quiere manchar la alfombra
6. Permite traer la corriente eléctrica
7. Trabajará usted mucho más rápido utilizándola en vez de utilizar un simple serrucho

(a) la escalera **(b)** el pincel **(c)** el hormigón armado **(d)** la toma de tierra **(e)** la sierra circular **(f)** la mecha **(g)** el enchufe

3 Synonyme

Remplacez le verbe « subir » par un autre verbe synonyme.
1. De pequeño, le gustaba subirse a lomos del burriquito del parque **2.** Subíamos los brazos y saltábamos **3.** El avión está comenzando a subir **4.** Los niños se subieron en lo alto de la tapia para robar manzanas **5.** Mi padre nos subía sobre sus hombros

(a) elevarse **(b)** aupar **(c)** encaramarse **(d)** montar **(e)** levantar

4 Équivalent

Donnez le sens des mots suivants, proches du français :
1. la grúa móvil **2.** la grúa giratoria **3.** el casco de protección **4.** el ladrillo **5.** una sierra para metales **6.** en forma de sierra **7.** la llave inglesa **8.** alta tensión **9.** el voltamperio **10.** el generador de alta tensión

5 Antonyme

Trouvez un mot ou une expression de sens opposé :
1. encender **2.** subir **3.** desenchufar **4.** mantener el equilibrio

6 Classement

Parmi ces objets quels sont ceux qu'utilise l'artiste peintre (el pintor de cuadros) (1) et ceux qu'utilise le peintre en bâtiment (el pintor de brocha gorda) (2)

(a) la brocha **(b)** el pastel **(c)** la paleta **(d)** el caballete **(e)** la escalera **(f)** la caja de pinturas, de lápices

CHARLANDO
– ¿ Dónde está el taburete ? Se ha fundido la bombilla de la lámpara del salón.
– Lo malo es que no nos quedan más que bombillas de bayoneta.
– Bueno, entonces, a oscuras hasta mañana.

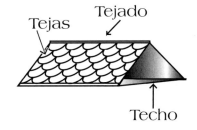

NATURALEZA

LA GENTE

LA VIDA EN LA CIUDAD

SOCIEDAD

ECONOMÍA

CIENCIAS

UNAS CUANTAS NOCIONES

Informática, alta fidelidad y vídeo

*Almacenar informa-
ción.*

■■■ Noms

► la informática	*l'informatique*
la base de datos	*la base de données*
la computación	*le traitement par ordinateur*
el ordenador, la computadora	*l'ordinateur*
el ordenador portátil	*l'ordinateur portable*
► la pantalla	*l'écran*
el teclado	*le clavier*
la tecla	*la touche*
el ratón	*la souris*
el procesador	*le processeur*
la aplicación	*le logiciel*
la capacidad de memoria de tratamiento	*la capacité de mémoire de traitement*
el disco duro	*le disque dur*
la impresora	*l'imprimante*
la impresora láser	*l'imprimante laser*
el disquete	*la disquette*
el fichero	*le fichier*
la hoja de cálculo	*le tableur*
el virus (informático)	*le virus (informatique)*
► el sitio Internet	*le site Internet*
la red	*le réseau*
el servidor	*le serveur*
el navegador	*le navigateur*
el enlace	*le lien*
el lector de CD-Rom	*le lecteur de CD-Rom*
el lenguage ensamblador	*le langage d'assemblage, l'assembleur*
► la ofimática	*la bureautique*
el tratamiento de texto(s), el proceso de texto, el procesamiento de texto	*le traitement de texte(s)*
la telecopiadora	*le télécopieur*
la telecopia	*la télécopie*
► el radiocasete, el radio-cassette	*la radiocassette*

el vídeo	*le magnétoscope*
la cinta/la cinta de de vídeo/D-VD	*la cassette audio/ vidéo/D-VD*
el sintonizador	*le tuner*
el amplificador	*l'amplificateur*
los altavoces	*les haut-parleurs*
► la máquina, la cámara (fotográfica)	*l'appareil photo*
el carrete	*le rouleau de pellicule, la pellicule, le film*
el objetivo gran angular	*l'objectif à grand angle*
la diapositiva	*la diapositive*
la cámara	*la caméra*
la videocámara, la cámara de vídeo	*le caméscope*

■■■ Adjectifs

numérico	*numérique*
fácil, amigable, asequible	*convivial*

■■■ Verbes

sacar, hacer foto (grafías)	*prendre, faire des photos*
informatizar	*informatiser*
cargar	*télécharger*
formatear	*formater*
expulsar (el disquete)	*éjecter la disquette*
salvar	*sauvegarder*
grabar	*enregistrer*
clicar	*cliquer*
duplicar	*dupliquer, copier*
escanear	*scanner*
conectarse con	*se connecter*
navegar	*naviguer (surfer)*
almacenar (información)	*stocker*
salir del sistema	*sortir du système*

122

EXERCICES

1 Dérivation

Trouvez le verbe dont est dérivé chacun des mots suivants :
1. la informatización **2.** la grabación **3.** la fotografía **4.** el revelado **5.** el enfoque **6.** la telecopiadora

2 Définition

Retrouvez les quatre mots correspondant aux définitions suivantes :
1. el ordenador, la computadora personal **2.** el ordenador portátil **3.** el ratón **4.** la cámara de vídeo

(a) Es el ordenador que uno puede llevar a cualquier parte y utilizar en el tren, por ejemplo
(b) Es más fácil utilizarlo pero también se puede utilizar el ordenador con el teclado solamente
(c) Hoy día, muchos hogares poseen una, comprada a menudo antes de las vacaciones
(d) Es el ordenador que uno utiliza en casa, para uso proprio

3 Équivalent

Trouvez le sens des mots suivants, proches du français :
1. la microelectrónica **2.** la tecnología de punta **3.** la telecopiadora **4.** el cartucho **5.** el disco duro **6.** la memoria **7.** el proceso de informatización **8.** el componente electrónico **9.** la terminal **10.** el microordenador **11.** el ordenador, la computadora personal, el PC **12.** la consola **13.** el cursor **14.** el banco de datos

4 Famille de mots (1)

Regroupez les mots de la page de gauche en désignant :
(a) les éléments principaux d'un ordinateur
(b) les accessoires employés avec un ordinateur
(c) les opérations que l'on effectue sur un ordinateur

5 Famille de mots (2)

Parmi les mots ou expressions de la liste suivante, quels sont ceux qui concernent la photographie ?
1. el carrete **2.** el dedal **3.** el objetivo **4.** la disquetera **5.** sacar fotos **6.** la impresora de inyección de tinta **7.** la foto(grafía) en blanco y negro **8.** la impresora láser

ADIVINANZA
El roer es mi trabajo ;
el queso, mi aperitivo ;
y el gato ha sido siempre
mi más temido enemigo.

¡ OJO !

Un altavoz
Los altavoces

el vídeo
la memoria
la telecopia

Teclado español

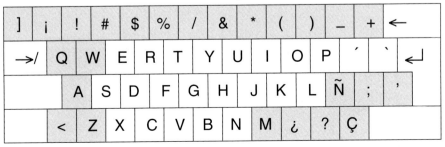

NATURALEZA
LA GENTE
LA VIDA EN LA CIUDAD
SOCIEDAD
ECONOMÍA
CIENCIAS
UNAS CUANTAS NOCIONES

Matemáticas, física, química y biología

Las cuentas del Gran Capitán.

■■■ Noms

▶ las matemáticas	*les mathématiques*
la línea quebrada	*la ligne brisée*
el radio ; el eje	*le rayon ; l'axe*
el gráfico	*le graphique*
la raíz cuadrada	*la racine carrée*
la variable	*la variable*
la física	*la physique*
el físico	*le physicien*
el movimiento	*le mouvement*
la presión	*la pression*
el vacío	*le vide*
el astrónomo	*l'astronome*
la óptica	*l'optique*
la lente	*la lentille*
el objetivo	*l'objectif*
los rayos X	*les rayons X*
los rayos infrarrojos	*les rayons infrarouges*
el campo magnético	*le champ magnétique*
la acústica	*l'acoustique*
la frecuencia modulada	*la modulation de fréquence*
▶ la central nuclear	*la centrale nucléaire*
el reactor reproductor	*le surgénérateur*
los ensayos nucleares	*les essais nucléaires*
los residuos radioactivos	*les déchets radioactifs*
▶ la química	*la chimie*
el químico	*le chimiste*
el tubo de ensayo	*le tube à essais*
un experimento de química, de física	*une expérience de chimie, de physique*
▶ la biología	*la biologie*
la genética	*la génétique*
las manipulaciones genéticas	*les manipulations génétiques*
el grupo sanguíneo	*le groupe sanguin*
el glóbulo ; la vacuna	*le globule ; le vaccin*
el trasplante	*la greffe*
el rechazo	*le rejet*
el bebé probeta	*le bébé éprouvette*

la fecundación in vitro	*la fécondation in vitro*
el problema ético	*le problème éthique*
▶ las ciencas	*les sciences*
el científico	*le scientifique*
el laboratorio de investigación	*le laboratoire de recherche*
el investigador	*le chercheur*
la patente	*le brevet*

■■■ Adjectifs et adverbes

par ; impar	*pair ; impair*
más ; menos	*plus ; moins*
múltiple	*multiple*
proporcional	*proportionnel*
teórico	*théorique*
científico	*scientifique*

■■■ Verbes et expressions

contar ; añadir	*compter ; ajouter*
sumar, adicionar	*additionner*
restar, sustraer	*soustraire, enlever, ôter*
llevarse	*retenir*
« y me llevo dos »	*« et je retiens deux »*
dividir	*diviser*
enumerar	*numéroter*
sacar la raíz cuadrada	*extraire la racine carrée*
resolver	*résoudre*
experimentar	*faire une (des) recherche(s)*
emitir radiaciones	*émettre un rayonnement*
disolver	*dissoudre*
investigar, hacer investigación	*faire de la (des) recherche(s)*
ser el más adelantado (en tal ámbito)	*être à la pointe (dans tel domaine)*
profano en matemáticas	*étranger aux mathématiques*

124

1 Équivalent

Donnez le sens des mots suivants, proches du français :
1. la fisicoquímica 2. fisicoquímico 3. las ciencas fisicomatemáticas 4. la astronomía 5. el astrofísico 6. óptico 7. el campo óptico 8. nuclearizar 9. los residuos atómicos 10. la química biológica 11. el biólogo 12. la biofísica 13. los glóbulos rojos y los glóbulos blancos 14. vacunar 15. la inseminación artificial 16. el cálculo aritmético 17. la geometría algebraica ; vectorial 18. el círculo 19. el círculo máximo 20. el círculo menor 21. el diámetro 22. la álgebra 23. estadísticamente 24. la gravitación 25. el gen, el gene 26. hormonal 27. el decibel, el decibelio 28. el voltio 29. la densidad 30. el centro de gravedad 31. el centro de atracción

2 Expression

Trouvez la traduction correspondant aux expressions suivantes :
1. Apostar por la energía nuclear
2. A ciencia cierta
3. Tener ideas diametralmente opuestas
4. Esto está en arábigo, para mí

(a) Avoir des idées diamétralement opposées
(b) C'est de l'algèbre pour moi
(c) Miser sur le nucléaire
(d) De science certaine

3 Définition

Trouvez les mots définis par les phrases suivantes :
1. Pueden provocar quemaduras, enfermedades e incluso la muerte, en dosis muy fuertes
2. Es una substancia preparada a base de microbios o de virus muertos o debilitados. Se inocula para preservar de una enfermedad
3. Es el metal de mayor peso atómico que se encuentra en la naturaleza

(a) el uranio (b) las radiaciones de plutonio (c) la vacuna

4 Déduction

Trouvez le sens des mots et expressions soulignés en fonction du contexte et de vos connaissances du sujet abordé :
1. El ángulo recto es un ángulo de 90 grados
2. Simétrico respecto a un eje
3. Esto es un ángulo agudo
4. Traza una perpendicular a partir de la base
5. A sobre b $\dfrac{a}{b}$
6. Diez a la cuarta potencia 10^4
7. Tenéis que sacar la raíz cuadrada de 180
8. Una ecuación con dos incógnitas
9. Una ecuación de primer grado
10. Hacer una ecuación
11. Me he equivocado en el total
12. Cuando « y » se acerca al cero
13. La décima parte $\dfrac{1}{10}$
14. Las tres quintas partes $\dfrac{3}{5}$
15. Elevar un número a la cuarta potencia

5 Accentuation

Accentuez les mots suivants :
1. la aritmetica 2. la geometria 3. la algebra 4. las estadisticas 5. las matematicas 6. los cientificos

Figuras geométricas

un cuadrado

un rectángulo

un triángulo

un círculo

NATURALEZA

LA GENTE

LA VIDA EN LA CIUDAD

SOCIEDAD

ECONOMÍA

CIENCIAS

UNAS CUANTAS NOCIONES

Situarse en el espacio

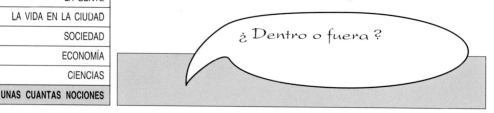

¿ Dentro o fuera ?

■■■ Noms

▶ el sitio, el lugar — *l'endroit, le lieu, l'emplacement*
el borde — *le bord*
las orillas (de un río) — *le bord (d'un fleuve), la rive*
el umbral — *le seuil*
el límite — *la limite*
la frontera — *la frontière*
la cumbre — *le sommet (montagne)*

▶ la punta, la extremidad — *le bout*
el medio, el centro — *le milieu*
el fondo — *le fond*
la (parte) delantera — *l'avant, le devant*
la trasera — *l'arrière*
el lado, la parte lateral — *le côté*

■■■ Prépositions, adverbes et locutions

en (lugar) — *en (lieu)*
en — *dans (à l'intérieur), sur (superficie)*
encima de, sobre — *sur*
ahí encima — *là-dessus*
encima — *dessus*
sobre — *sur*
sobre (comida) — *après (le repas)*
en (casa de) — *chez*
hacia, con dirección a — *vers, en direction de*
en algunos sitios, en algunas partes — *par endroits*
dentro de — *dans*
fuera — *dehors, au-dehors*
fuera de — *en dehors de, hors de*
al lado de — *à côté de*
a tu lado, al lado tuyo — *à côté de toi*
cerca (de) — *près (de)*

entre — *entre*
entre — *parmi*
alrededor de — *autour de, tout autour*
lejos — *loin*
a lo lejos — *au loin*
desde lejos — *de loin*
arriba — *en haut ; là-haut ; dessus, au-dessus*
arriba del todo — *tout en haut*
abajo — *dessous ; en bas*
debajo — *dessous*
debajo de — *sous, en dessous de*
bajo — *au-dessous, en dessous*
delante, delante de — *devant*
detrás, detrás de — *derrière*
tras — *derrière ; après, à la poursuite de*
enfrente de — *en face de*
ante — *devant (abstrait)*
a la derecha — *à droite*
a la izquierda — *à gauche*

■■■ Verbes

estar — *être*
estar en, encontrarse en — *être dans*
encontrarse, hallarse — *se trouver*
colocar — *poser, mettre*
estar situado — *être situé*
permanecer, quedar — *demeurer, rester*
localizar ; situar — *localiser ; situer*
pasar, cruzar la frontera — *passer la frontière*

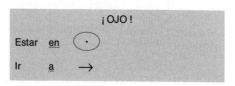

¡ OJO !

Estar   en   ·

Ir   a   →

dentro

fuera

alrededor

cerca

lejos

encima

arriba

abajo

debajo

delante

NATURALEZA
LA GENTE
LA VIDA EN LA CIUDAD
SOCIEDAD
ECONOMÍA
CIENCIAS
UNAS CUANTAS NOCIONES

Adverbios y adjetivos de lugar

Derecho como una vela.

▬▬ Adjectifs

interior	*intérieur*
exterior	*extérieur*
siguiente	*suivant*
vecino	*avoisinant, voisin*
vecino, circundante	*environnant*
lindante	*attenant*
cercano	*proche*
remoto, lejano	*éloigné, lointain*
cuesta arriba, ascendente	*montant*
descendente	*descendant*
vertical	*vertical*
horizontal	*horizontal*
norteño, (del norte)	*du nord*
sureño	*du sud, méridional*
oriental	*oriental*
occidental	*occidental*

▬▬ Adverbes et locutions

aquí, acá	*ici*
ahí (près)	*là*
allí (loin)	*là*
allá	*là-bas*
aquí y allí	*ici et là*
por aquí	*par ici*
por ahí, por allí, por allá	*par là*
allá abajo	*là en bas*
allá arriba	*là-haut*
más allá	*plus loin*
lejos	*loin*
lejos de	*loin de*
a lo lejos, en la lejanía	*au loin, dans le lointain*
desde lejos	*de loin*
cerca	*près*
fuera	*dehors*

dentro	*dedans*
por fuera	*à l'extérieur*
por dentro	*à l'intérieur*
por todas partes	*de toutes parts*
en alguna parte	*quelque part*
en ninguna parte	*nulle part*
por todas partes, en todas partes	*partout*
dondequiera, en cualquier sitio	*n'importe où*
en casa	*à la maison*
de lado	*de côté*
junto al otro	*côte à côte*
al lado de, junto a	*à côté de*
por todos los lados	*de tous côtés*
hasta	*jusqu'à*
aparte, en lugar apartado	*à part*
a la izquierda	*à gauche*
a la derecha	*à droite*
hacia la izquierda	*vers la gauche*
hacia la derecha	*vers la droite*
de cada lado	*de chaque côté*
hacia adelante	*vers l'avant*
para atrás, atrás	*en arrière*
hacia atrás	*vers l'arrière*
delante	*devant*
detrás	*derrière*
de pie, en pie	*debout*
de arriba abajo	*de haut en bas*
al sesgo	*en biais*
a nivel de	*au niveau de, à la même hauteur*
al norte	*au nord*
al sur	*au sud*
al este	*à l'est*
al oeste	*à l'ouest*

EXERCICES

1 Antonyme

Trouvez dans la page de gauche un antonyme pour chacun des mots suivants :
1. a la izquierda **2.** cerca **3.** dentro **4.** arriba **5.** delante **6.** encima **7.** por todas partes **8.** por fuera **9.** allá arriba

2 Équivalent (1)

Trouvez l'équivalent français de chacun des mots soulignés.
1. Anduvieron horas y horas hasta llegar : estaba lejísimos (muy lejos)
2. Nuestra casa queda muy cerca de la estación pero iremos a buscarte
3. Se había escondido debajo de la mesa del salón
4. La tienda queda enfrente de la parada de autobús

3 Équivalent (2)

Donnez le sens des mots suivants, proches du français :
1. contiguo **2.** vecino **3.** limítrofe **4.** adyacente **5.** un poco más allá

4 Expression

Retrouvez la traduction des expressions suivantes :

1. El más allá (a) Aller droit au but
2. Tierras adentro (b) Partout ailleurs
3. En cualquier otra parte (c) Dans l'intérieur
4. A mi lado (d) À côté de moi
5. Ir derecho al grano (e) L'au-delà

5 Synonyme

Trouvez un mot ou une expression de sens voisin.
1. al lado de **2.** lejano **3.** contiguo **4.** en lugar apartado **5.** de pie **6.** a lo lejos **7.** aquí **8.** por allí **9.** en cualquier sitio

6 Déduction

Complétez les phrases suivantes :
1. Cuando vamos de excursión, siempre se queda … Pedro
2. No le gusta quedarse … los domingos por la mañana
3. No está nada … el museo, cogeremos el metro para llegar antes
4. Divisábamos cuatro veleros …
5. … estará el paraguas pero no lo encuentro
6. No te preocupes por él, suele dormirse …
7. Ni siquiera quisieron entrar : nos esperaron …

CHARLANDO
— ¿ Por dónde queda la rosaleda del parque ?
— Detrás del estanque, no muy lejos del puesto de chucherías.
— Muchas gracias.

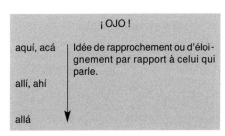

	¡ OJO !
aquí, acá	Idée de rapprochement ou d'éloignement par rapport à celui qui parle.
allí, ahí	
allá	↓

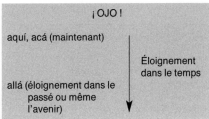

	¡ OJO !
aquí, acá (maintenant)	
	Éloignement dans le temps
allá (éloignement dans le passé ou même l'avenir)	↓

NATURALEZA
LA GENTE
LA VIDA EN LA CIUDAD
SOCIEDAD
ECONOMÍA
CIENCIAS
UNAS CUANTAS NOCIONES

El movimiento

Por un oído me entra y por otro me sale.

▬ Noms

▶ el movimiento	le mouvement
la salida, la partida	le départ
el destino, la destinación, el lugar de destino	la destination
la llegada	l'arrivée
la parada ; la detención	l'arrêt
el alto, la parada	la halte
la escala	l'escale
la venida	la venue
la velocidad	la vitesse
el ritmo	le rythme
el paso	l'allure

▬ Adjectifs

móvil ; inmóvil	mobile ; immobile
rápido ; lento	rapide ; lent

▬ Verbes et expressions

moverse, menearse	bouger, remuer
venir	venir
ir a ; acudir	aller ; se rendre
salir, partir	partir
desplazar, trasladar	déplacer
meterse, introducirse	s'introduire
acercarse a, aproximarse	s'approcher de
encaminarse	s'acheminer
alcanzar	atteindre
quedar, quedarse ; permanecer	rester ; séjourner
pararse, detenerse	s'arrêter
esperar, aguardar	attendre
pararse, perder el tiempo en	s'attarder à
marcharse, irse	partir, s'en aller
volver	revenir
estar de vuelta	être de retour
volver a entrar	rentrer
atravesar, cruzar	traverser
trepar a (un árbol)	grimper (à un arbre)
trepar por (una roca)	escalader (un rocher)
entrar en ; salir	entrer ; sortir
dejar entrar ; dejar salir	laisser entrer ; laisser sortir
bajar	descendre
bajarse de, apearse	descendre (de voiture, d'autobus)
subir al	monter dans (train, voiture, bus)
embarcar	embarquer
correr, apresurarse, darse prisa	se hâter, se dépêcher
pasearse por	se promener
correr	courir
corriendo, de prisa	en courant
precipitarse	se précipiter, se ruer
acelerar	accélérer
aminorar el paso	ralentir le pas
arrastrarse	ramper
pisar	marcher sur
andar, caminar	marcher
ir andando	aller à pied
recorrer	parcourir
dar un paso	faire un pas
vagar, callejear	flâner
nadar	nager
conducir ; correr mucho	conduire ; faire de la vitesse
volar ; planear	voler ; planer (en avion)
pilotar, conducir	piloter
navegar	naviguer
derivar, desviarse del rumbo ; flotar	dériver ; flotter
resbalar, deslizarse	glisser
seguir	suivre
perseguir	poursuivre
dar vueltas a, girar ; volverse	tourner ; se retourner
evitar	éviter
escaparse ; huir	s'échapper ; fuir

EXERCICES

1 Conversion

Pour chaque mot souligné, trouvez un mot appartenant à une autre catégorie grammaticale.

1. Nos gusta dar un paseo después de cenar. 2. No te pares. 3. Es una cuesta difícil de subir. 4. La riada de los turistas hacia las playas de arena fina. 5. Estuvo a punto de ganar la carrera. 6. Tiene una gran afición al callejeo

2 Synonyme (1)

Remplacer le verbe « pasar » par un autre verbe de la liste suivante, en procédant par déduction :

(a) atravesar (b) transitar (c) suceder (d) traspasar (e) vadear (f) cruzar (g) transcurrir (h) circular (i) salvar (j) ocurrir

1. Lo que me cuentas pasó hace dos años 2. Eso nunca pasa así 3. El viaje pasó sin incidentes 4. Por estas calles pasan muchos transeúntes 5. Por esta carretera no pasan muchos coches 6. Por poco pasó la bala la pared 7. Les gustaba pasar el río a nado 8. Ha decidido pasar la frontera por primera vez 9. El esquiador consiguió pasar muy bien los obstáculos y pudo así, llegar el primero 10. Para no mojarnos los pies tendremos que pasar por aquí

3 Antonyme

Trouvez un mot ou une expression de sens opposé.

1. la llegada 2. salir 3. inmóvil 4. rápido 5. llegar 6. ir 7. ir despacio

4 Définition

Trouvez la traduction des mots soulignés à l'aide de la définition et/ou de l'exemple d'emploi de ce mot.

1. Resbalar : Los niños se pasaron la tarde resbalando en el hielo

2. Tirarse : Se tiró desde el puente para salvar a una persona que se estaba ahogando
3. Revolotear : El pájaro revoloteaba alrededor del campanario
4. Errar, vagar : Iban sin rumbo fijo

5 Expression

Retrouvez la traduction des expressions suivantes :

1. Andar pisando huevos   (a) Frapper un grand coup
2. Salir pitando   (b) Aller au plus pressé
3. Pisar fuerte   (c) Être sur son départ
4. Lanzarse al asalto   (d) Marcher sur des œufs
5. Estar a punto de partir   (f) Détaler
6. Con destino a   (g) Arrêter net
7. ¡ Alto !   (h) Entrer en coup de vent
8. Parar en seco   (h) Monter à l'assaut
9. Entrar como un torbellino   (i) Halte-là !
10. Acudir a lo más urgente   (j) À destination de

6 Synonyme (2)

Remplacez le verbe « subir » par un autre verbe synonyme.
1. Los gatos suben a los árboles con gran facilidad. 2. Nunca subas al tren cuando está en marcha. 3. Subieron la bandera. 4. Van a intentar subir al Popocatepelt. 5. Subo la persiana para que entre la claridad. 6. Anuncian que va a subir la temperatura la semana próxima.

(a) escalar (b) trepar (c) elevarse (d) levantar (e) montar (f) izar

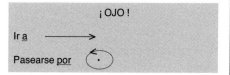

¡ OJO !

Ir a ⟶

Pasearse por

NATURALEZA

LA GENTE

LA VIDA EN LA CIUDAD

SOCIEDAD

ECONOMÍA

CIENCIAS

UNAS CUANTAS NOCIONES

El tiempo

El tiempo pasa que vuela.

▰ Noms

▶ el tiempo	*le temps*
el transcurrir del tiempo	*le fil du temps*
el principio	*le commencement, le début*
la fecha de nacimiento	*la date de naissance*
la duración	*la durée*
el rato, el momento	*le moment*
el lapso de tiempo	*le laps de temps*
el porvenir ; la eternidad	*l'avenir ; l'éternité*

▰ Adjectifs et adverbes

▶ corto ; breve	*court ; bref*
pronto, temprano	*tôt*
tarde	*tard ; en retard*
de ahora	*de maintenant*
de hoy	*d'aujourd'hui*
pasado	*passé*
antaño	*jadis, autrefois*
temporal ; temporario	*temporel ; temporaire*
momentáneo	*momentané*
instantáneo	*instantané*
repentino, súbito	*soudain*
inmediato	*immédiat*
habitual ; acostumbrado	*habituel*
ocasional ; continuo	*occasionnel ; continuel*
al principio ; al final	*au début ; à la fin*
finisecular	*de fin de siècle*
anterior	*précédent*
último, pasado	*dernier*
siguiente ; próximo	*suivant ; prochain*
nuevo	*nouveau ; neuf*
actual	*actuel*
contemporáneo	*contemporain*
futuro ; venidero	*futur ; à venir*

▰ Verbes et expressions

▶ a tiempo	*à temps*
a destiempo	*à contretemps, mal à propos*

despuntar	*poindre (le jour)*
amanecer	*se lever (le jour)*
atardecer	*tomber (le soir)*
anochecer	*tomber (la nuit)*
empezar, comenzar	*commencer*
pasar ; transcurrir	*passer ; s'écouler*
pasarse el tiempo (+ gérondif)	*passer son temps (+ infinitif)*
darle a uno tiempo de, tener tiempo para	*avoir le temps de*
seguir, continuar, proseguir	*continuer*
durar ; prolongar	*durer ; faire durer*
tardar en	*mettre longtemps à, tarder*
retrasar ; aplazar	*retarder ; ajourner*
terminar(se), acabar(se)	*(se) terminer, (s')achever*
esperar, aguardar	*attendre*
contar con	*s'attendre à*
tener prisa, andar con prisa	*être pressé*
darse prisa, apresurarse	*se dépêcher, se presser, se hâter*
llevar	*être depuis*
madrugar	*se lever de bonne heure*
trasnochar	*se coucher tard, passer une nuit blanche*
▶ a principios de abril	*dans les premiers jours du mois d'avril, au début du mois d'avril*
a mediados de mes	*vers le milieu du mois*
a finales de año	*à la fin de l'année*
a fines de mes	*à la fin du mois*
a lo largo del año	*tout au long de l'année*
en vísperas de	*la veille de*
desde el año 1900	*depuis 1900*
en el transcurso de los siglos	*au cours des siècles*

EXERCICES

🔳 Équivalent

Trouvez le mot français correspondant.
1. efímero **2.** perenne **3.** pasajero **4.** perpetuo **5.** provisional **6.** prematuro **7.** la historia **8.** la década **9.** el centenario **10.** el bicentenario **11.** milenario **12.** eterno

🔳 Dérivation

Trouvez le mot dont est dérivé chacun des mots suivants. Sa nature est indiquée entre parenthèses.
1. amanecer (n)
2. atardecer (n)
3. anochecer (n)
4. momentáneo (n)
5. continuo (v)
6. ocasional (n)
7. instantáneo (n)
8. el comienzo (v)
9. eterno (n)

🔳 Déduction

Retrouvez la traduction des expressions ou locutions suivantes :
1. En tiempos remotos **2.** Hace mucho tiempo **3.** Con tiempo **4.** Remontarse (algo) a tiempos pretéritos **5.** Dar tiempo al tiempo **6.** Desde hace mucho tiempo **7.** Hasta la fecha **8.** Con el tiempo

(a) (qqch.) Remonte à des temps lointains, anciens **(b)** Depuis longtemps **(c)** À la longue **(d)** Laisser faire le temps **(e)** Jusqu'à présent **(f)** À une époque lointaine **(g)** En prenant son temps **(h)** Il y a longtemps

🔳 Antonyme

Trouvez le mot ou l'expression de sens opposé.
1. a largo plazo **2.** el pasado **3.** pasado **4.** ocasional **5.** pronto **6.** a destiempo **7.** empezar

🔳 Expression

Trouvez dans la liste B la traduction des expressions de la liste A.

A	B
1. Cual el tiempo tal el tiento	**(a)** Rattraper le temps perdu
2. Soñar con los angelitos	**(b)** Vivre avec son temps
3. Recuperar el tiempo perdido	**(c)** Faire de beaux rêves
4. Andar con el tiempo	**(d)** À la guerre comme à la guerre
5. El tiempo es oro	**(e)** La fin du monde
6. El fin del mundo	**(f)** Le temps c'est de l'argent

> ¡ OJO !
>
> Llevo dos años estudiando este idioma.
>
> Estudio este idioma desde hace dos años.
>
> Hace dos años que estudio este idioma.

EL DÍA AMANECÉ... ¡¡¡ VOY A ACOSTARME !!!

NATURALEZA
LA GENTE
LA VIDA EN LA CIUDAD
SOCIEDAD
ECONOMÍA
CIENCIAS
UNAS CUANTAS NOCIONES

Pasan los días

A cada día su afán.

■■■ Noms

▶ el día — *le jour*
la noche, por la noche — *le soir, la nuit*
el alba, la madrugada — *l'aube*
el amanecer — *le lever du soleil*
la mañana, por la mañana — *le matin*
mediodía — *midi*
la tarde, por la tarde — *l'après-midi*
el atardecer — *la tombée du jour*
el anochecer — *la tombée de la nuit*
la puesta del sol — *le coucher du soleil*
medianoche — *minuit*
el crepúsculo, el ocaso — *le crépuscule*
lunes, martes — *lundi, mardi*

▶ una hora — *une heure*
media hora — *une demi-heure*
un cuarto de hora — *un quart d'heure*
un día, una jornada — *une journée*
una semana — *une semaine*
una quincena — *une quinzaine*
un mes — *un mois*
enero, febrero — *janvier, février (voir page de droite)*
un trimestre — *un trimestre*
una estación — *une saison*
la primavera ; el verano — *le printemps ; l'été*
el otoño ; el invierno — *l'automne ; l'hiver*
el año (bisiesto) — *l'année (bissextile)*
el decenio — *la décennie*
una época ; una era — *une époque ; une ère*
el pasado — *le passé*
el presente ; el futuro — *le présent ; le futur*
la Prehistoria — *la Préhistoire*
la Edad Media — *le Moyen Âge*
el siglo veinte — *le vingtième siècle*

▶ el reloj — *la montre, l'horloge*
el reloj de arena — *le sablier*
el despertador — *le réveil*
el cronómetro — *le chronomètre*
la manecilla — *l'aiguille*

el segundero — *la trotteuse*
una hora escasa — *une petite heure*
una hora larga — *une bonne heure*
el calendario — *le calendrier*
el diario — *le journal intime*
un día festivo — *un jour férié*

■■■ Adverbes, adjectifs et expressions

últimamente, recientemente, hace poco — *récemment*
antes de ayer, anteayer — *avant-hier*
ayer ; anoche — *hier ; hier soir*
la víspera — *la veille*
hoy — *aujourd'hui*
hoy en día — *de nos jours*
mañana — *demain*
mañana por la mañana — *demain matin*
pasado mañana — *après-demain*
el día siguiente, al día siguiente, el día después — *le lendemain*
el pasado jueves, el jueves pasado — *jeudi dernier*
la noche ; la semana pasada — *la nuit ; la semaine dernière*
el sábado que viene, el próximo sábado — *samedi prochain*
el mes próximo — *le mois prochain*
anacrónico — *anachronique*
estacional — *saisonnier*
semanal — *hebdomadaire*
mensual ; anual — *mensuel ; annuel*
duradero ; eterno — *durable ; éternel*
primaveral — *printanier*
veraniego — *estival*
otoñal — *automnal*
invernal — *hivernal*
se me ha parado el reloj — *ma montre s'est arrêtée*
atrasarse (un reloj) — *retarder (une montre)*

EXERCICES

1 Déduction (1)

Trouvez la traduction des expressions suivantes :
1. Los días de diario 2. Mañana por la mañana 3. Es de día/es de noche 4.(Gana 8 000 pesetas) al día 5. Por la noche 6. En otoño 7.El año que viene 8. En vísperas de 9. Al rayar el alba 10. A lo largo del día 11. A mediados del mes de enero 12. A principios de agosto 13. A finales de mes

(a) La nuit (b) Par jour (c) Au point du jour (d) À la veille de (e) (Les jours) en semaine (f) Il fait jour/il fait nuit (g) Tout au long de la journée (h) Demain matin (i) À la fin du mois (j) À l'automne (k) Au début du mois d'août (l) L'année prochaine (m) Vers le milieu du mois de janvier (mi-janvier)

2 Déduction (2)

Complétez les tableaux suivants :

Lunes	Enero
Mar...	Feb....
Miér.....	Mar..
Jue...	Abr..
Vier...	May.
Sáb...	Jun..
Dom....	Jul..
	Ago...
	Sep......
	Oct....
	Nov.....
	Dic.....

3 Équivalent

Trouvez une expression synonyme de ces durées :

60 segundos	30 días
15 minutos	6 meses
30 minutos	365 días
60 minutos	366 días
24 horas	10 años
7 días	100 años
15 días	

4 Association

Associez aux mots de la liste A ceux de la liste B.

A
1. El día de Nochebuena 2. El miércoles de ceniza 3. El martes de Carnaval 4.El día de los Reyes 5. El domingo de Ramos 6. El día de Nochevieja 7. El viernes santo 8. El domingo de Resurrección 9. Pentecostés 10. El día de Navidad 11. La fiesta de Todos los Santos

B
(a) le 31 décembre (b) vendredi saint (c) le dimanche de Pâques (d) le mercredi des Cendres (e) le jour de Noël (f) Pentecôte (g) la veille de Noël (h) la Toussaint (i) l'Épiphanie (6 janvier) (j) Mardi gras (k) le dimanche des Rameaux

5 Expression

Quelle est la traduction des expressions suivantes ?

1. Hacer su agosto — (a) En avril ne te découvre pas d'un fil
2. Días de mucho, vísperas de nada — (b) Ça n'a rien d'extraordinaire
3. No es nada del otro jueves — (c) Après les vaches grasses, viennent les vaches maigres
4. Venir como agua en mayo — (d) Faire son beurre
5. Abril, aguas mil — (e) Arriver à point nommé

CHARLANDO
– ¿ Qué días cierran los museos ?
– Pues, cierran los martes pero el museo de cerámica quedará cerrado el mes que viene.
– O sea que podemos visitarlo mañana por la mañana.

¡ OJO !
De la noche a la mañana. Du jour au lendemain.
Tarde o temprano. Tôt ou tard.

NATURALEZA
LA GENTE
LA VIDA EN LA CIUDAD
SOCIEDAD
ECONOMÍA
CIENCIAS
UNAS CUANTAS NOCIONES

Tiempo : adjetivos y adverbios

En tiempos del rey que rabió.

▬ Adjectifs, adverbes et locutions

▶ entonces ; luego	*alors ; ensuite*
en aquel momento	*à ce moment-là*
en aquel entonces, aquel tiempo	*en ce temps-là*
hace algún tiempo	*il y a quelque temps*
hasta ahora, hasta el presente	*jusqu'à présent, jusque-là*
todavía no, aún no	*pas encore*
ya	*déjà*
▶ antes	*avant*
ahora	*maintenant, à présent*
ahora, ahora mismo, de momento	*en ce moment, pour l'instant*
hoy por hoy	*actuellement, à présent, de nos jours*
hoy día, hoy en día	*de nos jours, à l'heure actuelle, aujourd'hui*
de día en día	*de jour en jour*
día tras día	*jour après jour*
en la actualidad	*actuellement*
▶ al (+ infinitif)	*en (+ gérondif) (au même moment)*
cuando	*quand*
cuando	*comme (juste, au moment où)*
ya que, puesto que	*puisque, étant donné que*
mientras que	*tandis que*
en cuanto, tan pronto como	*dès que*
mientras tanto	*entre-temps*
mientras	*pendant que*
▶ pronto	*bientôt*
apenas (dijo)… cuando	*à peine (avait-il dit)… que*
dentro de poco	*sous peu*
por fin, al fin	*enfin*
al fin y al cabo, en resumidas cuentas	*en fin de compte*
▶ siempre	*toujours*
cada (dos) días	*tous les (deux) jours*
una vez, dos, tres veces a la semana	*une, deux, trois fois par semaine*
a menudo, muchas veces	*souvent*
cada vez	*chaque fois*
todavía, aún	*encore*
a cada momento	*à tout moment*
a veces, de vez en cuando	*par moments*
la mayoría de las veces, las más de las veces	*la plupart du temps*
unas veces…, otras veces… ; a veces	*tantôt…, tantôt… ; parfois*
de vez en cuando	*de temps en temps*
repetidas veces, en varias ocasiones, varias veces	*à plusieurs reprises*
en muy pocas ocasiones, raras veces	*rarement*
casi nunca	*presque jamais*
nunca, jamás	*jamais*
para siempre	*à jamais*
▶ antes	*avant*
hace dos horas	*il y a deux heures*
después	*après*
más tarde	*plus tard*
▶ en seguida, enseguida	*aussitôt, tout de suite*
de repente, de pronto	*soudain, tout à coup*
tan pronto como, en cuanto	*dès que*
▶ a las diez en punto	*à dix heures précises*
menos cuarto ; y cuarto	*moins le quart ; et quart*
alrededor de las cinco	*à cinq heures environ, autour de*
los sábados	*le samedi*
el 15 de junio	*le 15 juin*
estamos a 5 de octubre de 2002	*nous sommes le 5 octobre 2002*

EXERCICES

1 Dérivation

Donnez pour chaque adverbe l'adjectif dont il est dérivé.
Ex. : normalmente = *normalement* → *normal*
1. casualmente (par hasard) 2. simultá-neamente 3. aproximadamente 4. fre-cuentemente 5. ocasionalmente 6. súbi-tamente 7. instantáneamente 8. anual-mente 9. inmediatamente 10. antigua-mente 11. antecedentemente 12. actual-mente 13. eternamente 14. perpetuamente 15. continuamente 16. recientemente

2 Expression

Retrouvez la traduction des expressions ou phrases suivantes :
1. Más vale tarde **(a)** Au grand jamais que nunca
2. Hoy, se nos **(b)** Peu de jours está haciendo après largo el día
3. No dejes para **(c)** Mieux vaut tard mañana lo que que jamais puedes hacer hoy
4. Jamás de **(d)** Il ne faut pas remet-los jamases tre au lendemain ce que l'on peut faire le jour même
5. A los pocos **(e)** Aujourd'hui, le jour días nous paraît long

3 Antonyme

Trouvez le mot ou l'expression de sens opposé.
1. siempre 2. antes 3. a menudo 4. raras veces 5. a principios de mes

4 Équivalent

Trouvez l'équivalent des expressions suivantes :
1. Hasta la fecha 2. Un día sí, otro no 3. De un momento a otro 4. De ahora en adelante 5. Al mismo tiempo 6. Una y otra vez 7. De una vez para siempre 8. a principios de abril 9. A mediados de mes 10. A finales de año 11. A fines de mes 12. A lo largo del año 13. En vísperas de 14. Desde el año 1900 15. En el trans-curso de los siglos

(a) Dorénavant, désormais **(b)** Une fois pour toutes **(c)** Un jour sur deux **(d)** En même temps **(e)** D'un moment à l'autre **(f)** Jusqu'à présent **(g)** Des fois et des fois, maintes et maintes fois **(i)** Au cours des siècles **(j)** La veille de **(k)** Depuis 1900 **(l)** À la fin de l'année **(m)** Au début du mois d'avril **(n)** Vers le milieu du mois d'avril **(o)** Tout au long de l'année.

5 Déduction

Procédez par déduction et par élimina-tion pour trouver de quelle heure il s'agit :

1. 21 h 45 2. 4 h 15 3. 12 h
4. 13 h 5. 17 h 35 6. 14 h 30
7. 3 h 20

(a) Son las tres y veinte **(b)** Es la una en punto **(c)** Son las cuatro y cuarto de la mañana **(d)** Son las diez menos cuarto de la noche **(e)** Son las dos y media **(f)** Es mediodía **(g)** Son las seis menos veinticinco de la tarde

---

¡ OJO !

Le dijo las cosas tranquila pero claramente.
(tranquillement mais clairement)

Lo hace siempre todo hábil y correctamente.
(habilement et correctement)

NATURALEZA

LA GENTE

LA VIDA EN LA CIUDAD

SOCIEDAD

ECONOMÍA

CIENCIAS

UNAS CUANTAS NOCIONES

Cantidades y números

Hacer algo en un dos por tres.

■■■ Noms

▶ la cantidad	la quantité
una gran cantidad de …, un gran número de (personas)	quantité de (personnes…)
la unidad	l'unité
una parte de	une partie de
la mitad	la moitié
un par	une paire, deux
la docena	la douzaine
por docenas	à la douzaine
la quincena	la quinzaine
la veintena	la vingtaine
un sinnúmero de	une infinité de

■■■ Adjectifs, adverbes, pronoms, locutions…

cero	zéro
uno, dos, tres	un, deux, trois
doble ; triple	double ; triple
único	unique
algo	un peu
nada	(pas) du tout ; rien
todo	tout
demasiado, harto	trop
demasiados (problemas) (adj.)	trop
no mucho	pas trop
muy	très
mucho (adv.)	beaucoup
muchos (libros) (adj.)	beaucoup
algo de	un peu de
nada de	pas du tout, pas du tout de
poco ; un poco de	peu ; un peu de, légèrement
pocas (veces) adj.	peu
bastante	assez
bastantes (personas) adj.	assez
suficiente	suffisant, assez
tan ; tanto	aussi, si ; autant

medio, a medias	à demi, à moitié
primero ; segundo	premier ; second, deuxième
tercero ; cuarto	troisième ; quatrième
quinto	cinquième
último	dernier
primario ; secundario	primaire ; secondaire
casi	presque
apenas	presque pas, à peine
uno de cada dos (hogares)	un (foyer) sur deux…
a lo sumo, cuando más	tout au plus
a lo menos, cuando menos	tout au moins
al menos	au moins
cualquiera de los dos	n'importe lequel des deux
cada (libro)	chaque (livre), tous les livres
en parte	en partie
totalmente	totalement, en totalité
ninguno de los libros	aucun des livres
ningún	pas de
poco más o menos	environ, à peu près
más (adj.) … que	plus … que
menos (adj.) … que	moins … que
tan (adj. ou adv.) … como	aussi … que
tanto (a, os, as) … (subst.) como	autant … que

■■■ Verbes et expressions

contar	compter
numerar	numéroter
dividir por dos	diviser par deux
dividir entre dos, repartir entre dos	partager en deux
faltar, carecer	manquer, être à court de
de sobra	de trop, plus qu'il n'en faut
una de dos	de deux choses l'une

EXERCICES

1 Dérivation

Trouvez le verbe correspondant à chacun des mots suivants :
1. la división **2.** la suma **3.** el cálculo **4.** el número **5.** la sustracción **6.** la multiplicación

(a) contar **(b)** (restar), sustraer **(c)** dividir **(d)** multiplicar **(e)** enumerar **(f)** sumar, (adicionar) **(g)** calcular

2 Déduction (1)

Trouvez comment l'on désigne chacun des symboles mathématiques suivants :
1. $\simeq$ **2.** $(2 + 4 = 6)$ **3.** $(-)$ **4.** % **5.** $(3 \div 9)$ **6.** X^4 **7.** (6×8) **8.** $(=)$

(a) tres dividido por nueve **(b)** igual **(c)** menos **(d)** X a la cuarta potencia **(e)** menos **(f)** seis por ocho **(g)** dos más cuatro son seis **(h)** por ciento

3 Déduction (2)

Complétez les phrases suivantes à l'aide des mots fournis :
1. Al llegar a casa se frió ... de huevos.
2. Cogen vacaciones dos veces al año, en agosto y en primavera. Siempre alquilan la primera ... de agosto.
3. Hay que comprar media ... de huevos.
4. Puso tanto empeño que consiguió llegar...
5. Carlos ... (V) nació en el año 1500, fue emperador desde 1519 hasta 1556 y murió en 1558.
6. Se reunieron un ... de personalidades de muchos países.
7. En primer lugar nos anunció a todos que dimitía y en ... lugar que se marchaba a recorrer el mundo.
8. Descubre América latina por ... vez.
9. ... analizaremos la situación con calma, segundo trataremos de encontrar algún remedio para mejorarla.
10. Es muchísimo ... alto que su hermano.

11. Tiene ... personalidad que su compañero.
12. Es ... inteligente como su padre.
13. Le gusta tanto la literatura ... la filosofía.
14. En aquella universidad hay ... chicos como chicas.

(a) docena **(b)** tantos **(c)** un par **(d)** segundo **(e)** primero **(f)** quinto **(g)** como **(h)** el primero **(i)** sinnúmero **(j)** primera **(k)** menos **(l)** tan **(m)** más **(n)** quincena

4 Expression

Retrouvez la traduction des expressions suivantes :
1. Por triplicado **2.** Tener (libros, sellos, documentos ...) repetidos **3.** Ni tanto ni tan calvo

(a) Ni trop ni trop peu **(b)** En triple exemplaire **(c)** Avoir (des livres, des timbres, des documents ...) en double

5 Expression

Trouvez comment s'écrivent en toutes lettres les chiffres suivants :
(a) 21 **(b)** 36 **(c)** 63 **(d)** 74 **(e)** 88 **(f)** 818 **(g)** 2 004 **(h)** 49 731

1. sesenta y tres **2.** ochocientos diez y ocho **3.** veintiuno **4.** ochenta y ocho **5.** dos mil cuatro **6.** cuarenta y nueve mil setecientos treinta y uno **7.** setenta y cuatro **8.** treinta y seis.

CHARLANDO
– ¿ A que no te sabes la tabla de multiplicar ?
– Claro que sí.

NATURALEZA
LA GENTE
LA VIDA EN LA CIUDAD
SOCIEDAD
ECONOMÍA
CIENCIAS
UNAS CUANTAS NOCIONES

Objetivamente. ¿ Cómo lo ves ?

No levantar dos pies del suelo.

Noms

▶ la talla, la estatura	*la taille*
la dimensión, la extensión	*la taille (la grandeur)*
el peso	*le poids*
la longitud	*la longueur*
la anchura	*la largeur*
la altura	*la hauteur*
la profundidad	*la profondeur*
la capacidad	*la capacité*
el volumen	*le volume*
▶ el metro	*le mètre*
el kilómetro cuadrado	*le kilomètre carré*
la distancia	*la distance*
la superficie	*la surface, la superficie*
▶ la limpieza	*la propreté*
la mancha	*la tache*
la suciedad	*la saleté*

Adjectifs

grande	*grand*
alto	*grand, de grande taille*
mayor, más grande, más alto	*plus grand*
grueso, gordo	*gros*
enorme	*énorme*
gigantesco	*gigantesque*
pequeño	*petit*
pequeñísmo	*tout petit*
bajo	*petit, de petite taille*
minúsculo	*minuscule*
diminuto	*très petit*
mediano, medio	*moyen*
largo	*long*
ancho	*large*
profundo	*profond*
espeso	*épais*
corto	*court*
pesado	*lourd*

ligero	*léger*
voluminoso	*volumineux*
llano	*plat*
redondo	*rond*
cuadrado	*carré*
(un metro) cúbico	*(un mètre) cube*
hueco	*creux*
derecho	*droit*
cóncavo	*concave*
convexo	*convexe*
saliente	*saillant*
(ángulo) entrante	*(angle) rentrant*
puntiagudo	*pointu*
seco	*sec*
húmedo	*humide*
mojado	*mouillé*
limpio	*propre, net*
ordenado	*bien rangé*
impecable	*impeccable*
sucio	*sale*
asqueroso	*très sale, dégoûtant*
vacío	*vide*
lleno	*plein*
atestado	*bondé*
atiborrado (fam.)	*rempli, bourré*
completo	*complet*
genuino	*authentique, véritable*
falso	*faux*
contrahecho	*contrefait*

Verbes et expressions

parecer	*sembler, avoir l'air*
dar la impresión de que, tener la impresión que	*donner l'impression que, avoir l'impression que*
pesar	*peser*
medir	*mesurer*
tomar medidas de algo	*prendre des mesures de qqch.*
comparar con	*comparer à*

EXERCICES

1 Synonyme (1)

Remplacer l'adjectif « largo » par les adjectifs synonymes suivants :
(a) prolongado **(b)** extenso **(c)** duradero

1. El sermón de hoy no ha sido demasiado « largo » **2.** El reinado de Felipe II fue muy « largo » **3.** ¡ Cuánto me gustaría que sea « largo » este período de felicidad ¡

2 Synonyme (2)

Remplacer l'adjectif « corto » par l'adjectif adéquat :
(a) pasajero **(b)** efímero **(c)** breve **(d)** fugaz

1. La película que vimos ayer fue muy « corta ». **2.** No fue grave : tan sólo una enfermedad « corta ». **3.** Apenas lo vimos : hizo una « corta » aparición. **4.** Fue un artista que enseguida olvidaron, su fama fue muy « corta ».

3 Synonyme (3)

Remplacer l'adjectif « alto » par l'un des adjectifs ou substantifs suivants :
(a) empinado (en pente) **(b)** elevado **(c)** encumbrado **(d)** la cima

1. La casita del pastor está en el lugar más « alto » del monte
2. Este camino sube muy « alto » hacia el refugio
3. En lo « alto » del monte está la casita del pastor
4. Ha alcanzado un puesto muy « alto » a fuerza de trabajo.

4 Synonyme (4)

Remplacer l'adjectif « bajo » par l'un des adjectifs synonymes suivants :
(a) agachado **(b)** humilde **(c)** deprimido

1. Este chico pertenece a una clase social muy « baja ».
2. Tengo, desde ayer, el ánimo muy « bajo ».

3. Mientras una salta, los demás están « bajos ».

5 Antonyme

Trouvez un mot ou une expression de sens opposé.
1. romo (émoussé) **2.** convexo **3.** entrante **4.** enorme **5.** torcido **6.** vacío

6 Déduction

Complétez les phrases à l'aide d'un des mots fournis :
1. Este cuarto mide diez ...
2. Es una botella de dos ...
3. Caben cien ...
4. Sólo pesa unos cinco ...
5. Pesa muchísimo esta bolsa : no es nada ...

(a) kilos **(b)** litros **(c)** ligera **(d)** metros cuadrados **(e)** litros cúbicos

CHARLANDO
– ¿ Cuánto mides tú ?
– Un metro setenta y cinco
– Pues, me parecías más alto que Pablo.

ADIVINANZA
Largo, largo como un camino
y cabe en un pucherino.
¿ Qué es ?

¡ OJO !
Un gran poeta. Un gran día.
Una casa grande. Un coche grande.
pequeño → menor grande → mayor

NATURALEZA
LA GENTE
LA VIDA EN LA CIUDAD
SOCIEDAD
ECONOMÍA
CIENCIAS
UNAS CUANTAS NOCIONES

¿ Qué te parece ?

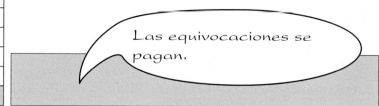

Las equivocaciones se pagan.

■■ Noms

► la subjetividad — *la subjectivité*
la cualidad — *la qualité*
el defecto — *le défaut*
el inconveniente — *l'inconvénient*
la equivocación, el error — *l'erreur*

■■ Adjectifs

caro — *cher*
costoso — *coûteux*
barato — *bon marché*
gratuito — *gratuit*
económico — *économique*
inestimable — *inestimable*
valioso — *précieux ; de prix*
bueno — *bon ; de qualité*
malo — *mauvais*
regular — *moyen*
bien — *bien*
conveniente — *convenable ; qui convient*
pertinente — *pertinent*
preciso — *précis*
perfecto — *parfait*
falso — *faux*
verdadero — *vrai*
exacto — *exact*
normal — *normal*
ordinario ; corriente — *ordinaire*
extraño — *étrange*
raro — *bizarre*
semejante — *semblable*
idéntico — *identique*
similar — *similaire*
tal, como — *tel*
como — *comme*
diferente ; distinto — *différent*
útil — *utile*
práctico — *pratique*

valedero — *valable*
inútil — *inutile*
significativo — *significatif*
esencial — *essentiel*
notable — *remarquable*
sin importancia — *sans importance*
menor — *mineur*
superfluo — *superflu*
clave — *clé*
básico — *de base ; fondamental*
necesario — *nécessaire*
mero (por mera casualidad) — *simple, pur (par pur hasard)*
frecuente — *fréquent*
acostumbrado, habitual — *habituel*
familiar — *familier*
cotidiano — *quotidien*
corriente — *courant*
común, trivial — *banal*
raro — *rare*
fácil — *facile*
sencillo — *simple, facile*
difícil — *difficile*
arduo, peliagudo — *ardu*
complicado — *compliqué*

■■ Verbes et expressions

comparar con — *comparer à*
oponer — *opposer*
contrastar — *contraster*
distinguir (una cosa de otra) — *distinguer*
clasificar — *classer*
de balde — *à l'œil*
¿ de verdad ? — *est-ce vrai ?, vrai ?, c'est vrai ?*
¿ es verdad o mentira ? — *c'est vrai ou faux ?*

142

EXERCICES

1 Antonyme

Trouvez un mot de sens opposé pour chacun des termes suivants :
1. una cualidad 2. una ventaja 3. caro 4. falso 5. bueno 6. imperfecto 7. incorrecto 8. anormal 9. extraordinario 10. similar 11. importante 12. necesario 13. inútil 14. difícil 15. complicado 16. corriente 17. exacto 18. oponer 19. de verdad 20. habitual

2 Synonyme

Trouvez un terme de sens voisin pour remplacer les mots soulignés.
1. El tener aire acondicionado resultó para nosotros un inconveniente
2. La generosidad y la sinceridad eran para él cualidades imprescindibles
3. Todo estaba correcto en los datos
4. Recibieron una carta ordinaria
5. Cuando se te antoja comprarlo en Navidad, resulta caro
6. Es inútil escoger : son similares
7. Se parecen muy poco : son totalmente diferentes
8. Llevaba una vida trivial

3 Équivalent

Donnez le sens des mots suivants, proches du français :
1. una cualidad 2. ideal 3. en realidad 4. un ejemplo 5. típico 6. característico 7. la defectuosidad 8. la imperfección 9. agradable 10. excelente 11. favorable 12. aparente 13. oneroso 14. ruinoso 15. gratuitamente 16. gratis 17. con parsimonia 18. evidente 19. imposible 20. esencial 21. importante 22. oportunamente 23. impecable 24. razonable 25. auténtico 26. verdadero 27. verídico 28. lógico 29. original 30. insólito 31. extravagante 32. superficial 33. trágico 34. ridículo 35. cómico 36. poético 37. irónico 38. sincero 39. humorístico 40. irreal 41. único 42. curioso 43. excepcional

4 Apprenez en lisant

Déduisez le sens des mots soulignés à partir du contexte.
1. Nunca funciona cuando se necesita. El comprar este aparato era una idea pésima
2. Los perros suelen tener un agudo sentido del olfato
3. No llevaba la ropa apropiada para jugar al tenis

5 Dérivation

Trouvez le superlatif de chacun des adjectifs suivants :
Ex : caro → carísimo
1. malo 2. barato 3. bueno 4. raro 5. sencillo

CHARLANDO

– ¿ Por qué compraste el « Segunda mano » ?
– Estoy buscando piso.
– Me imagino que buscas un piso amplio, con ático, céntrico...
– Bueno, lo que me interesa es mucha claridad, bien situado, con aire acondicionado. Pero quiero que el propietario me proponga un alquiler razonable y esto va a ser difícil.
– Pues, suerte... porque no ha de ser cosa fácil reunir todas esas condiciones.

¡ OJO !

Es un hombre de extraordinarias cualidades humanas.

Es un mueble antiguo de calidad.
bueno → mejor
malo → peor

NATURALEZA
LA GENTE
LA VIDA EN LA CIUDAD
SOCIEDAD
ECONOMÍA
CIENCIAS
UNAS CUANTAS NOCIONES

Ciudadanos del mundo

Salir de Guatamala y
meterse en Guatepeor.

▬ Noms

► Europa	*Europe*
un(a) europeo (a)	*un(e) Européen(ne)*
un(a) francés(esa)	*un(e) Français(e)*
un(a) español(a)	*un(e) Espagnol(e)*
un(a) alemán(ana)	*un(e) Allemand(e)*
un(a) italiano(a)	*un(e) Italien(ne)*
un(a) portugués(esa)	*un(e) Portugais(e)*
un(a) griego(a)	*un(e) Grec(que)*
un(a) británico(a)	*un(e) Britannique*
un(a) inglés (esa)	*un(e) Anglais(e)*
un(a) escocés (esa)	*un(e) Écossais(e)*
un(a) irlandés (esa)	*un(e) Irlandais(e)*
un(a) suizo(a)	*un(e) Suisse*
un(a) austríaco(a)	*un(e) Autrichien(ne)*
un(a) neerlandés(esa)	*un(e) Néerlandais(e)*
un(a) holandés(esa)	*un(e) Hollandais(e)*
un(a) belga	*un(e) Belge*
un(a) luxembur-gués (esa)	*un(e) Luxembour-geois(e)*
un(a) sueco(a)	*un(e) Suédois(e)*
un(a) danés(esa)	*un(e) Danois(e)*
un(a) noruego(a)	*un(e) Norvégien(ne)*
un(a) ruso(a)	*un(e) Russe*
un(a) polaco(a)	*un(e) Polonais(e)*
un(a) húngaro(a)	*un(e) Hongrois(e)*
un(a) rumano(a)	*un(e) Roumain(e)*
un(a) búlgaro(a)	*un(e) Bulgare*
un(a) eslovaco(a)	*un(e) Slovaque*
un(a) yugoslavo(a)	*un(e) Yougoslave*
un(a) serbio (a)	*un(e) Serbe*
un(a) bosnio(a)	*un(e) Bosniaque*
un(a) croata	*un(e) Croate*
► América	*Amérique*
un(a) americano(a) estadounidense, norteamericano(a)	*un(e) Américain(e)*
un(a) canadiense	*un(e) Canadien(ne)*
un(a) latinoame-ricano(a)	*un(e) Latino-américain(e)*
un(a) mejicano(a)	*un(e) Mexicain(e)*
un(a) guatemal-	*un(e) Guatemal-*

teco(a)	*tèque*
un(a) hondureño(a)	*un(e) Hondurien(ne)*
un(a) salvadoreño(a)	*un(e) Salvado-rien(ne)*
un(a) nicaragüense	*un(e) Nicara-guayen(ne)*
un(a) costarricense	*un(e) Costaricien(ne)*
un(a)panameño(a)	*un(e) Panaméen(ne)*
un(a) colombiano(a)	*un(e) Colombien(ne)*
un(a) venezolano(a)	*un(e) Vénézué-lien(ne)*
un(a) ecuatoriano(a)	*un(e) Équatorien(ne)*
un(a) peruano(a)	*un(e) Péruvien(ne)*
un(a) boliviano(a)	*un(e) Bolivien(ne)*
un(a) uruguayo(a)	*un(e) Uruguayen(ne)-*
un(a) paraguayo(a)	*un(e) Para-guayen(ne)*
un(a) chileno(a)	*un(e) Chilien(ne)*
un(a) brasileño(a)	*un(e) Brésilien(ne)*
un(a) argentino(a)	*un(e) Argentin(e)*
un(a) cubano(a)	*un(e) Cubain(e)*
un(a) dominicano(a)	*un(e) Dominicain(e)*
un(a) haitiano(a)	*un(e) Haïtien(ne)*
un(a) portorriqueño, puertorriqueño, borinqueño	*un(e) Portoricain(e)*
► África	*Afrique*
un(a) africano(a)	*un(e) Africain(e)*
un(a) argelino(a)	*un(e) Algérien(ne)*
un(a) marroquí	*un(e) Marocain(e)*
un(a) tunecí	*un(e) Tunisien(ne)*
un(a) egipcio(a)	*un(e) Égyptien(ne)*
un(a) libio(a)	*un(e) Libyen(ne)*
un(a) senegalés(esa)	*un(e) Sénégalais(e)*
► Asia	*Asie*
un(a) asiático(a)	*un(e) Asiatique*
un(a) chino(a)	*un(e) Chinois(e)*
un(a) japonés(esa)	*un(e) Japonais(e)*
un(a) nipón(ona)	*un(e) Nippon(e)*
un(a) indio(a)	*un(e) Indien(ne)*
un(a) turco (a)	*un Turc, une Turque*
un(a) israelí	*un(e) Israélien(ne)*

144

■ Déduction

Trouvez la traduction qui convient des expressions ou proverbes suivants :
1. Despedirse a la francesa 2. No vale un Perú 3. Remover Roma con Santiago 4. Hablando del rey de Roma, por la puerta asoma 5. Tener un ojo aquí y el otro en Pekín

(a) Remuer ciel et terre (b) Avoir un œil qui dit zut à l'autre (c) Filer à l'anglaise (d) Ce n'est pas le Pérou (e) Quand on parle du loup, on en voit la queue

■ Dérivation

Comment s'appelle le natif des régions et villes d'Espagne suivantes :
1. Cataluña 2. Aragón 3. País Vasco 4. Navarra 5. Castilla 6. León 7. Asturias 8. Galicia 9. Extremadura 10. Valencia 11. Murcia 12. Andalucía 13. Canarias 14. San Sebastián 15. Pamplona 16. Huesca 17. Cádiz 18. Madrid 19. Salamanca 20. Valladolid

(a) gallego (b) castellano (c) canario (d) vallisoletano (e) valenciano (f) catalán (g) madrileño (h) navarro (i) extremeño (j) oscense (k) asturiano (l) aragonés (m) andaluz (n) salmantino (o) murciano (p) pamplonés (q) leonés (r) vascuence, vasco (s) gaditano (t) donostiarra

■ Équivalent

De quelles villes s'agit-il ?
1. Barcelona 2. Sevilla 3. Marsella 4. Burdeos 5. Estrasburgo 6. Lisboa 7. Berna 8. Bruselas 9. Moscú 10. Sofía 11. La Habana 12. Puerto Rico 13. Nueva York 14. Filadelfia 15. El Cairo

■ Identification

Retrouvez les habitants de l'Océanie (Oceanía).
1. el australiano 2. el libio 3. el neocelandés 4. el neerlandés

---

¡ OJO !

El grupo se compone de españoles, de franceses, de italianos y de portugueses.
Le groupe se compose d'Espagnols, de Français, d'Italiens et de Portugais.

Llevaba documentación francesa.
Il avait des papiers d'identité français.

Los españoles tienen afición a los toros.
Les Espagnols sont amateurs de corridas.

MAPA DE LAS AUTONOMÍAS

Verbes

Infinitif	Présent de l'indicatif	Imparfait	Futur	Conditionnel
SER	soy eres es somos sois son	era eras era éramos erais eran		
ESTAR	estoy estás está (estamos) (estáis) están			
IR	voy vas va vamos vais van	iba ibas iba íbamos ibais iban		
DECIR	digo dices dice (decimos) (decís) dicen		diré dirás dirá diremos diréis dirán	diría dirías diría diríamos diríais dirían
HACER	hago (haces) hace hacemos hacéis hacen		haré harás hará heremos haréis harán	haría harías haría haríamos haríais harían

rréguliers

Passé simple	Impératif	Présent du subjonctif	Imparfait du subjonctif	Gérondif	Participe passé
fui		sea	fuera/fuese		
fuiste	sé	seas	fueras/fueses		
fue		sea	fuera		
fuimos		seamos	fuéramos		
fuisteis		seáis	fuerais		
fueron		sean	fueran		
estuve		esté	estuviera/estuviese		
estuviste		estés	estuvieras		
estuvo		esté	estuviera		
estuvimos		(estemos)	estuviéramos		
estuvisteis		(estéis)	estuvierais		
estuvieron		estén	estuvieran		
fui		vaya	fuera/fuese	yendo	
fuiste	vé	vayas	fueras/fueses		
fue		vaya	fuera		
fuimos		vayamos	fuéramos		
fuisteis		vayáis	fuerais		
fueron		vayan	fueran		
dije		diga	dijera/dijese	diciendo	dicho
dijiste	di	digas	dijeras		
dijo		diga	dijera		
dijimos		digamos	dijéramos		
dijisteis		digáis	dijerais		
dijeron		digan	dijeran		
hice		haga	hiciera/hiciese		hecho
hiciste	haz	hagas	hicieras		
hizo		haga	hiciera		
hicimos		hagamos	hiciéramos		
hicisteis		hagáis	hicierais		
hicieron		hagan	hicieran		

Infinitif	Présent de l'indicatif	Imparfait	Futur	Conditionnel
TENER	tengo tienes tiene (tenemos) (tenéis) tienen		tendré tendrás tendrás tendremos tendréis tendrán	tendría tendrías tendría tendríamos tendríais tendrían
VER	veo (ves) (ve) (vemos) veis (ven)	veía veías veía veíamos veíais veían		
SABER	sé (sabes)		sabré sabrás sabrá sabremos sabréis sabrán	sabría sabrías sabría sabríamos sabríais sabrían
QUERER	quiero quieres quiere (queremos) (queréis) quieren		querré querrás querrá querremos querréis querrán	
HABER	he has ha hemos (habéis) han		habré habrás habrá habremos habréis habrán	habría habrías habría habríamos habríais habrían
SALIR	salgo (sales)		saldré saldrás saldrá saldremos saldréis saldrán	saldría saldrías saldría saldríamos saldríais saldrían
PONER	pongo (pones)		pondré pondrás pondrá pondremos pondréis pondrán	pondría pondrías pondría pondríamos pondríais pondrían
VENIR	vengo vienes viene (venimos) (venís) vienen		vendré vendrás vendrá vendremos vendréis vendrán	vendría vendrías vendría vendríamos vendríais vendrían

Passé simple	Impératif	Présent du subjonctif	Imparfait du subjonctif	Gérondif	Participe passé
uve uviste uvo uvimos uvisteis uvieron	ten	tenga tengas tenga tengamos tengáis tengan	tuviera/tuviese tuvieras tuviera tuviéramos tuvierais tuvieran		
i iste io imos isteis ieron		vea veas vea veamos veáis vean			visto
upe upiste upo upimos upisteis upieron		sepa sepas sepa sepamos sepáis sepan	supiera/supiese supieras supiera supiéramos supierais supieran		
		quiera quieras quiera (queramos) (queráis) quieran			
ube ubiste ubo ubimos ubisteis ubieron		haya hayas haya hayamos hayáis hayan	hubiera/hubiese hubieras hubiera hubiéramos hubierais hubieran		
	sal	salga salgas salga salgamos salgáis salgan			
use usiste uso usimos usisteis usieron	pon	ponga pongas ponga pongamos pongáis pongan	pusiera/pusiese pusieras pusiera pusiéramos pusierais pusieran		puesto
ine iniste ino inimos inisteis inieron	ven	venga vengas venga vengamos vengáis vengan	viniera/viniese vinieras viniera viniéramos vinierais vinieran	viniendo	

Infinitif	Présent de l'indicatif	Imparfait	Futur	Conditionnel
DAR	doy (das) (da) (damos) dais (dan)			
OÍR	oigo oyes oye oímos (oís) oyen			
PODER	puedo puedes puede (podemos) (podéis) pueden		podré podrás podrá podremos podréis podrán	podría podrías podría podríamos podríais podrían
ANDAR				
TRAER	traigo (traes)			
VALER	valgo (vales)		valdré valdrás valdrá valdremos valdréis valdrán	valdría valdrías valdría valdríamos valdríais valdrían
CAER	caigo (caes)			
CABER	quepo (cabes)		cabré cabrás cabrá cabremos cabréis cabrán	cabría cabrías cabría cabríamos cabríais cabrían

Passé simple	Impératif	Présent du subjonctif	Imparfait du subjonctif	Gérondif	Participe passé
di diste dio dimos disteis dieron		dé (des) dé (demos) deis (den)	diera/diese dieras diera diéramos dierais dieran		
oí oiste oyó oímos oísteis oyeron		oiga oigas oiga oigamos oigáis oigan	oyera/oyese oyeras oyera oyéramos oyerais oyeran	oyendo	oído
pude pudiste pudo pudimos pudisteis pudieron		pueda puedas pueda (podamos) (podáis) puedan	pudiera/pudiese pudieras pudiera pudiéramos pudierais pudieran	pudiendo	
anduve anduviste anduvo anduvimos anduvisteis anduvieron			anduviera/anduviese anduvieras anduviera anduviéramos anduvierais anduvieran		
traje trajiste trajo trajimos trajisteis trajeron		traiga traigas traiga traigamos traigáis traigan	trajera/trajese trajeras trajera trajéramos trajerais trajeran	trayendo	traído
		valga valgas valga valgamos valgáis valgan			
caí caíste cayó caímos caísteis cayeron		caiga caigas caiga caigamos caigáis caigan	cayera/cayese cayeras cayera cayéramos cayerais cayeran	cayendo	caído
		quepa quepas quepa quepamos quepáis quepan			

CORRECTION DES EXERCICES

page 5

1.   2. d − 3. a − 4. b − 6. c − Marte *(Mars)*.

2.   1. c − 2. a − 3. b − 4. e − 5. d.

3.   1. c − 2. e ou d − 3. a − 4. f − 5. d ou e − 6. b.

4.   1. b − 2. f − 3. d − 4. a − 5. c − 6. e.

page 7

1.   1. abrasar *(v)*, *brûler* − 2. agobiar *(v)*, *accabler* − 3. la lluvia *(n)*, *la pluie* − 4 la helada *(n)*, *la gelée*.

2.   3. − 1. − 6. − 5. − 2. − 4. − 7.

3.   1. b − 2. c − 3. a − 4. d − 5. e.

4.   1. e − 2. c − 3. f − 4. a − 5. g − 6. i − 7. d − 8. b − 9. h.

5.   1. b − 2. d − 3. c − 4. a − 5. e.

6.   1. *être en nage (transpirer à grosses gouttes)* − 2. *trempé comme une soupe, jusqu'aux os* − 3. *il n'y a pas un souffle d'air* − 4. *un temps pluvieux*.

page 9

1.   15.

2.   2. − 5. − 6. − 9. − 10. − 13. − 16.

3.   1. b − 2. g − 3. a − 4. e − 5. c − 6. d − 7. f.

4.   1. f − 2. d − 3. g − 4. a − 5. b − 6. c − 7. e.

6.   1. b − 2. e − 3. a − 4. c − 5. d.

page 11

1.   1. e − 2. a − 3. g − 4. h − 5. l − 6. c − 7. b − 8. k − 9. d − 10. j − 11. m − 12. i − 13. f − 14. o − 15. p − 16. n.

2.   1. c − 2. a − 3. e − 4. f − 5. b − 6. d.

4.   1. d − 2. a − 3. e − 4. b − 5. c.

5.   a. la amapola *(le coquelicot)* − b. la azucena *(le lis)* − c. el tulipán *(la tulipe)* − d. la rosa *(la rose)* − e. el clavel *(l'œillet)*.

page 13

2.   1. c − 2. g − 3. a − 4. b − 5. f − 6. e − 7. d − 8. i − 9. h − 10. j.

3.   1. c − 2. h −3. a − 4. d − 5. e − 6. b − 7. g − 8. f − 9. k − 10. l − 11. i − 12. j.

4.   1. c − 2. a − 3. d − 4. b − 5. f − 6. h − 7. e − 8. g.

5.   1. e − 2. a − 3. i − 4. h − 5. c − 6. g − 7. d − 8. b − 9. f − 10. j.

page 15

1.   1. nocivo − 2. el medio ambiente − 3. radioactivo − 4. los daños − 5. el vertedero − 6. desechable − 7. la reforestación − 8. el reciclado.

2.   1. proteger − 2. la especie en vías de extinción − 3. forestar − 4. nocivo − 5. contaminar − 6. la gasolina sin plomo.

3.   1. d − 2. c − 3. a − 4. e − 5. b.

4.   1. b − 2. a − 3. d − 4. c.

page 17

1.   1. *la gorge* − 2. *des poches sous les yeux* − 3. *une molaire* − 4. *estomac* − 5. *bras* − 6. *la moelle épinière*.

3.   1. d − 2. f − 3. b − 4. e − 5. a − 6. c.

4.   1. *Il s'ennuie et reste les bras croisés toute la journée.* − 2. *Il est si timide qu'il n'a pas décroché un mot (n'a pas ouvert la bouche) de toute la soirée.* − 3. *Il avait tellement sommeil qu'il dormait à poings fermés.* − 4. *En apprenant la nouvelle j'ai eu la chair de poule.* − 5. *Ma voiture n'a pas démarré ce matin, je suis allé au bureau à pied.* − 6. *Ils se promenaient et allaient bras dessus, bras dessous.* − 7. *Il a beaucoup à faire et il est sur les nerfs.* − 8. *Il n'a que la peau sur les os.*

5.   1. *nombril* − 2. *cils* − 3. *tympan*.

page 19

2.   1. c − 2. g − 3. b − 4. f − 5. a − 6. e − 7. h − 8. d − 9. i.

3.   1. los viejos − 2. un crío − 3. la vejez − 4. hacerse viejo − 5. el carmín de labios − 6. engordar. − 7. no aparenta su edad − 8. el rizo, el bucle − 9. el dentífrico − 10. darse un baño − 11. tomar una ducha − 12. el chico.

4.   1. impotente − 2. ser menor de edad − 3. viejo − 4. moreno − 5. la cabellera espesa − 6. desgarbado − 7. engordar.

5.   1. b − 2. g − 3. h − 4. d − 5. k − 6. j − 7. a − 8. f − 9. i − 10. c − 11. e − 12. l.

page 21

1.   1. diestro − 2. fuerte − 3. agotado − 4. rápido − 5. acostarse − 6. despertarse − 7. estar de pie − 8. permanecer inmóvil − 9. levantarse − 10. adormecerse.

2.   1. f − 2. d − 3. h − 4. i − 5. j − 6. c − 7. a − 8. g − 9. b − 10. e.

☐3 1. i − 2. c − 3. f − 4. h − 5. b − 6. d − 7. j − 8. a − 9. e − 10. g.

☐4 1. *ne pas glisser* 2. *s'accrocher, s'agripper* 3. *ne pas la lâcher.*

Sopa de letras

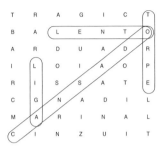

page 23

☐2 1. g − 2. j − 3. h − 4. i − 5. c − 6. d − 7. a − 8. b − 9. f − 10. e.

☐3 1. f − 2. h − 3. b − 4. g − 5. c − 6. a − 7. d − 8. e − 9. j − 10. k − 11. i.

page 25

☐1 1. b − 2. c − 3. a − 4. e − 5. d.

☐2 1. f − 2. e − 3. a − 4. c − 5. b − 6. d.

☐3 1. b − 2. c − 3. e − 4. a − 5. d − 6. f − 7. g.

☐4 (a) 2, 3, 5, 6, 7, 8, 12, 15, 17, 18, 19 − (b) 1, 4, 9, 10, 11, 13, 14, 16, 20.

☐5 (a) 2, 13 − (b) 4, 7, 8, 10, 11, 12, 14, 15, 18 − (c) 1, 5, 6, 17 − (d) 3, 9, 16.

page 27

☐1 1. c − 2. g − 3. d − 4. b − 5. a − 6. h − 7. k − 8. i − 9. l − 10. e − 11. f − 12. j.

☐2 1. g − 2. f − 3. e − 4. d − 5. c − 6. b − 7. i − 8. h − 9. j − 10. a.

☐3 (a) 1, 5, 6, 9, 16, 27, 43 − (b) 2, 11, 14, 20, 22, 25, 28, 30, 35, 36, 39, 40, 46, 48 − (c) 4, 10, 15, 38, 47 − (d) 12, 18, 32, 33, 42, 45 − (e) 7, 8, 21, 31 − (f) 13, 17, 19, 23, 24, 26, 37, 44 − (g) 3, 29, 34, 41.

☐4 (a) 2, 3, 5, 7, 9, 10, 11 − (b) 1, 4, 6, 8.

page 29

☐1 1. pasado de moda − 2. estrecho − 3. limpio − 4. planchado − 5. desabrochar, desabotonar − 6. lavar a mano.

☐2 Ropa de caballero : (b) *le gilet de corps* (c) *les chaussettes* (d) *la chemise* (g) *la cravate* (i) *des bottes.*

Ropa de señora : (a) *la culotte* (e) *la jupe* (f) *le tailleur* (h) *la chemise de nuit* (i) *les chaussures à talons*

☐3 (a) 2, 6 − (b) 3, 14, 18 − (c) 4, 12 − (d) 1, 9 − (e) 5, 8, 13, 17 − (f) 7, 10, 11, 15, 16.

☐4 1. *les gants* − 2. *mouchoirs* − 3. *un jean* − 4. *en soie* − 5. *le survêtement* − 6. *couvre-toi bien* − 7. *dos nu* − 8. *des bretelles* − 9. *un maillot de bain.*

☐5 1. la ropa − 2. chafado − 3. te queda

page 31

☐1 1. c − 2. a − 3. d − 4. e − 5. b.

☐2 1. vi − 2. contemplando − 3. mira − 4. entrevé − 5. visto − 6. contemplando − 7. ojear − 8. miras − 9. divisa − 10. distingue − 11. fisgando − 12. otea − 13. atisbando.

☐3 1. g − 2. a − 3. e − 4. h − 5. f − 6. c − 7. d − 8. b.

☐4 1. g − 2. k − 3. c − 4. e − 5. i − 6. f − 7. l − 8. a − 9. h − 10. d − 11. j − 12. b.

page 33

☐1 1. loco *(fou)* − 2. razonar *(raisonner)* − 3. el estudio *(l'étude)* − 4. extrañarse *(s'étonner)* − 5. adivinar *(deviner)* − 6. soñar con *(rêver de)* − 7. dudar *(douter)* − 8. la opinión *(l'avis, l'opinion).*

☐4 1. d − 2. a − 3. g − 4. c − 5. i − 6. b − 7. f − 8. h − 9. e.

☐5 1. idiota − 2. comprender − 3. sesudo − 4. cuerdo − 5. el genio − 6. simple − 7. un acertijo − 8. adivinar − 9. el saber − 10. ¿ no te acuerdas de hecho ?

ADIVINANZA   Reconocer

page 35

☐1 1. la pasión − 2. la predilección − 3. el afecto − 4. tomar interés por.

☐2 a 1. el gusto − 2. el amor − 3. el odio − 4. la excitación − 5. el entusiasmo − 6. el deseo − 7. el interés.

b 1. querido − 2. pasional − 3. afectuoso − 4. interesado − 5. agradable − 6. apasionante, apasionado.

☐4 A 1. c − 2. e − 3. a − 4. b − 5. d.
B 1. b − 2. d − 3. e − 4. a − 5. c.

page 37

☐2 1. la ira − 2. la dicha − 3. la preocupación − 4. asombrado − 5. sensible − 6. la decepción.

☐3 1. el amor − 2. sensible − 3. desdichado − 4. un amor contrariado − 5. el amor − 6. miedoso.

☐4 1. f − 2. d − 3. a − 4. h − 5. c − 6. g − 7. b − 8 e.

[5] (a) 1, 4, 5, 8. − (b) 2, 3, 6, 7.

[6] (i)

page 39

[1] 1. sencillo − 2. respetuoso − 3. la fidelidad − 4. sincero − 5. confiado − 6. la cobardía − 7. generoso − 8. franco.

[2] 1. la bondad − 2. la ternura − 3. la amabilidad − 4. la afabilidad − 5. la maldad − 6. la agresividad − 7. la lealtad − 8. la cortesía − 9. la sensatez − 10. la piedad − 11. el celo − 12. la envidia − 13. el egoísmo − 14. la avaricia − 15. el valor − 16. la delicadeza − 17. la modestia − 18. la dignidad − 19. la perseverancia.

[4] 1. el cariño − 2. modesto − 3. la dulzura − 4. orgulloso − 5. altanero − 6. suave − 7. tener celos.

[5] 1. la imprudencia − 2. sensato − 3. intolerante − 4. descortés − 5. generoso − 6. piadoso − 7. loco.

page 41

[1] 1. difícil − 2. experimentado − 3. el método − 4. proponer − 5. preparar − 6. acabar − 7. necesario − 8. la intención − 9. acostumbrar − 10. ocasional − 11. necesitar − 12. fácilmente − 13. atreverse − 14. audaz − 15. impávido − 16. voluntario − 17. lograr − 18. el suceso *(l'événement)* − 19. la acción.

[3] 1. el fin − 2. la ocasión − 3. hábil − 4. inevitable − 5. cueste lo que cueste − 6. advertido − 7. ejecutar − 8. terminar − 9. planear − 10. dudar − 11. desear − 12. procurar, tratar de.

[4] 1. voluntario − 2. incapaz − 3. fácilmente − 4. hábil − 5. con dificultad − 6. capaz − 7. audaz − 8. indeciso − 9. enérgico − 10. responsable − 11. negarse a − 12. el esfuerzo.

[5] 1. b − 2. d − 3. a − 4. e − 5. f − 6. c.

page 43

[1] 1. la amistad − 2. la confianza − 3. sugerir − 4. discutir − 5. informar − 6. la rivalidad − 7. enemigo − 8. desobedecer − 9. convencer − 10. amenazar − 11. la mentira − 12. el traidor − 13. la promesa − 14. hipócrita.

[3] 1. obediente − 2. el enemigo − 3. simpático − 4. prohibir − 5. llevarse bien − 6. despiadado − 7. la confianza − 8. mentir − 9. el complejo de inferioridad − 10. agradable − 11. estar en desacuerdo.

[4] 1. j − 2. e − 3. d − 4. h (fundadas) − 5. b − 6. a − 7. i − 8. c (auténticos) − 9. g − 10. f (genuino).

[5] 1. b − 2. e − 3. a − 4. c − 5. d.

page 45

[1] 1. el propietario − 2. vivir en una casa − 3. un piso con aire acondicionado − 4. desocupado − 5. mudarse

de casa − 6. el casco histórico − 7. el rascacielos − 8. la especulación inmobiliaria. − 9. la vivienda

[2] 1. el contrato, el alquiler, alquilar, renovar el contrato, etc. − 2. el mercado inmobiliario, especular, etc. − 3. los muebles, la habitación, las sillas, etc. − 4. el terreno, construir un edificio, los albañiles.

[3] (a) ... de entrada (b) portero automático (c) calefacción central (d) céntrico (e) piso de lujo.

[4] 1. b − 2. e − 3. d − 4. c − 5. a.

[5] 1. c − 2. a − 3. d − 4. f − 5. h − 6. e − 7. b − 8. g − 9. j − 10. i.

page 47

[1] 1. i − 2. g − 3. m − 4. c − 5. p − 6. o − 7. f − 8. b − 9. l − 10. n − 11. k − 12. d − 13. q − 14. h − 15. a − 16. j − 17 e.

[3] 1. la lavadora, la máquina de lavar − 2. la secadora − 3. el lavavajillas, el lavaplatos − 4. el microondas − 5. el horno − 6. la nevera − 7. el congelador − 8. la cocina, la placa − 9. la pila − 10. la freidora.

[4] (a) la sartén *(la poêle)* (b) la plancha *(le fer à repasser)* (c) el mantel *(la nappe)* (d) el cuchillo *(le couteau)* (e) el tenedor *(la fourchette)*.

page 49

[2] 1. *la table* − 2. *la chaise* − 3. *le tabouret* − 4. *la bibliothèque* − 5. *le lit à deux places* − 6. *la couverture* − 7. *les draps* − 8. *la table de nuit* − 9. *le robinet.*

[3] 1. b − 2. c − 3. f − 4. e − 5. a − 6. d.

[4] 1. c − 2. e − 3. b − 4. d − 5. f. − 6. a.

Sopa de letras

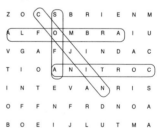

page 51

[1] el bombero, la manga − la ambulancia, la camilla, el hospital − el policía, la comisaría.

[2] 1. e − 2. a − 3. g − 4. c − 5. d − 6. f − 7. b.

[3] 1. *la chaussée, le trottoir* − 2. *le piéton, à pied* − 3. *le numéro* − 4. *la résidence secondaire* − 5. *flâner* − 6. *le jardin public* − 7. *la pelouse* − 8. *le passage clouté* − 9. *le périphérique extérieur* − 10. *le syndicat d'initiative, l'office de tourisme*

page 53

1 1. g − 2. b − 3. a − 4. f − 5. c − 6. d − 7. h − 8. e.

2 1. una carretera saturada − 2. un billete de ida − 3. llegar tarde − 4. perder el autobús − 5. ser responsable de un accidente − 6. saltarse un semáforo.

3 1. h − 2. e − 3. g − 4. a − 5. d − 6. j − 7. b − 8. f − 9. i − 10. c.

4 1. apacar − 2. la encrucijada − 3. el aparcamiento − 4. cruzar la calle.

page 55

2 1. j − 2. d − 3. g − 4. i − 5. k − 6. c − 7. a − 8. e − 9. l − 10. b − 11. h − 12. f − 13. m − 14. n.

3 1. c − 2. d − 3. e − 4. a − 5. f − 6. b.

4 1. *une voiture d'occasion* − 2. *des voitures de location* − 3. *une voiture flambant neuve* − 4. *remorquer.*

5 (a) el volante *(le volant)* (b) la rueda de socorro *(la roue de secours)* (c) el reposacabezas *(l'appuie-tête)* (d) el tablero de mandos *(le tableau de bord)* − (e) el tubo de escape *(le pot d'échappement).*

page 57

1 A. la maleta, el maletín, el baúl.

B. el paracaídas, los meneos, la torre de mandos.

C. el paquebote, el ancla, el remo, la barandilla.

2 1. d − 2. e − 3. b − 4. f − 5. a − 6. c − 7. g − 8. j − 9. i − 10. h − 11. k.

3 1. e − 2. g − 3. i − 4. c − 5. h − 6. b − 7. d − 8. a − 9. f.

4 1. d − 2. e − 3. b − 4. g − 5. f − 6. a − 7. c.

5 1. f − 2. a − 3. e − 4. c − 5. d − 6. b.

page 59

1 1. la adopción *(n)* − 2. el divorcio *(n)* − 3. los mimos *(n)* − 4. la educación *(n)* − 5. separarse *(v).*

2 1. g − 2. a − 3. e − 4. h − 5. d − 6. c − 7. f − 8. b.

3 1. c − 2. g − 3. e − 4. h − 5. b − 6. j − 7. i − 8. a − 9. f − 10. d − 11. k.

page 61

1 1. aburrido − 2. invitar − 3. el convite − 4. reservado − 5. grosero − 6. amable − 7. despreciar − 8. distinguido.

2 1. simpático − 2. grosero − 3. el amigo − 4. la pequeña burguesía − 5. despreciar − 6. divertirse − 7. corto.

3 A. 1. f. − 2. d − 3. a − 4. g − 5. l − 6. i − 7. c − 8. k − 9. b − 10. h − 11. e − 12. j.

B. 1. k − 2. f − 3. d − 4. j − 5. a − 6. c − 7. l − 8. g − 9. e − 10. b − 11. i − 12. h.

4 1. b − 2. e − 3. a − 4. c − 5. d.

page 63

2 1. indagar *(v)*, rechercher → las indagaciones *(n)* : *les recherches* − 2. un criminal *(n)* : *un criminel* → la criminalidad *(n)* : *la criminalité* − 3. condenar *(v)* : *condamner* → la condena *(n)* : *la condamnation* − 4. la corrupción *(n)* : *la corruption* → corrupto *(adj.)* : *corrompu.*

3 1. c − 2. f − 3. a − 4. e − 5. d − 6. b.

4 1. c − 2. a − 3. d − 4. b − 5. f − 6. e.

5 1. b. − 2. e − 3. d − 4. c − 5. a.

page 65

1 1. electoral *(adj.)* : *électoral(e)* − 2. el abstencionismo *(n)* : *l'abstentionnisme* − 3. el gobierno *(n)* : *le gouvernement* − 4. el ministerio *(n)* : *le ministère* − 5. el parlamento *(n)* : *le parlement* − 6. oponerse *(v)* : *s'opposer.*

2 1. i − 2. l − 3. e − 4. k − 5. m − 6. a − 7. n − 8. c − 9. o − 10. f − 11. d − 12. j − 13. h − 14. g − 15. b.

3 1. c − 2. a − 3. b.

page 67

1 1. crucificado *(p.p.)* : *crucifié* → la crucifixión *(n)* : *la crucifixion* − 2. sacrificar *(v)* : *sacrifier* → el sacrificio : *le sacrifice* − 3. la adoración *(n)* → *l'adoration* → adorar *(v)* : *adorer.*

2 1. el párroco − 2. el fraile − 3. santo − 4. piadoso − 5. fervoroso.

3 1. el creyente − 2. el diablo − 3. el paraíso − 4. celeste, celestial − 5. mortal.

4 1. b − 2. c − 3. g − 4. a − 5. f − 5. e − 6. d.

5 1. budista − 2. el cristianismo − 3. la mezquita − 4. judío.

6 1. e − 2. c − 3. d − 4. a − 5. g − 6. b − 7. f.

7 1. c − 2. a − 3. e − 4. b − 5. d − 6. f.

page 69

2 1. el combate − 2. capitular − 3. el alto el fuego − 4. belicoso − 5. ocupar.

3 1. la guerra − 2. resistir − 3. el desarme − 4. la derrota − 5. ganar una batalla.

4 2. − 1. − 4. − 3. − 5.

5   1. d − 2. f − 3. g − 4. b − 5. i − 6. a − 7. e − 8. c
− 9. j − 10. h.

6   A. 1. a − 2. d − 3. e − 4. b − 5. g − 6. c − 7. h − 8. f.
B. 1. g − 2. d − 3. a − 4. c − 5. b − 6. h − 7. e − 8. f.

ADIVINANZA   El cañón

page 71

1   1. lectivo − 2. inteligente − 3. catear a alguien
− 4. educar − 5. el aula. − 6. perezoso

2   1. atento − 2. disciplinado − 3. perezoso −
4. repetir (tal clase) − 5. la escuela privada.

3   1. − 3. − 4. − 2.

4   1. d − 2. e − 3. b − 4. g − 5. c − 6. a − 7. f.

page 73

1   1. ser escolarizado : *être scolarisé* → la escolaridad *(n)* : *la scolarité* − 2. el colegial *(n)* : *l'écolier, le
collégien* → el colegio *(n)* : *l'école* − 3. la fotocopia *(n)* :
la photocopie → fotocopiar *(v)* : *photocopier*.

3   1. saber al dedillo − 2. iletrado − 3. la libreta −
4. instruir − 5. la educación física − 6. la pizarra.

4   1. saber − 2. aprobar un examen − 3. una asignatura obligatoria − 4. sacar buenas notas.

5   1. e − 2. c − 3. d − 4. a − 5. b.

page 75

1   1. examinarse *(v)* : *passer un examen de* → el
examen *(n)* : *l'examen* − 2. licenciado : *licencié* → la
licencia, la licenciatura : *la licence* − 3. el doctorado
(n) : *le doctorat* → doctorarse *(v)* : *être reçu docteur* −
4. corregir *(v)* : *corriger* → la corrección *(n)* : *la correc-
tion*.

3   1. d − 2. h − 3. a − 4. f − 5. c − 6. b − 7. e − 8. g.

4   1. c − 2. a − 3. d − 4. b.

5   1. c − 2. b − 3. d − 4. a.

page 77

1   1. c − 2. h − 3. b − 4. f − 5. e − 6. a − 7. g − 8. d.

2   1. gritar, vociferar, chillar − 2. criticar, calumniar − 3. charlar, platicar − 4. musitar, murmurar −
5. cuchichear.

3   1. e − 2. a − 3. f − 4. d − 5. b − 6. c.

4   1. callar − 2. chapurrear − 3. hablar en voz baja
− 4. grave.

5   1. a − 2. c − 3. b.

page 79

2   1. matasellar *(v)* : *oblitérer* ; matasellos *(n)* :
l'oblitérateur − 2. franquear *(v)* : *affranchir* −
3. contestar *(v)* : *répondre*.

3   1. d − 2. a − 3. e − 4. c − 5. g − 6. b − 7. f − 8. h
− 9. j − 10. i.

4   3 − 5 − 2 − 4 − 1.

5   1. d − 2. f − 3. a − 4. c − 5. e − 6. b.

6   1. b − 2. c − 3. d − 4. a.

page 81

2   1. retransmisión *(n)* : *la retransmission* −
2. moderar *(v)* : *animer (un débat)* − 3. concursar *(v)* :
participer − 4. informar *(v)* : *informer*.

3   1. el televidente − 2. el locutor − 3. la cadena −
4. objetivo, neutro.

4   1. la cadena pública − 2. partidario − 3. aburrido, sin interés − 4. apagar la tele.

5   1. b − 2. c − 3. d − 4. a − 5. e.

6   1. d − 2. a − 3. c − 4. b − 5. f − 6. e.

7   1. c − 2. a − 3. b.

page 83

1   1. la emisión (n) : *l'émission, la diffusion* − 2. la
redacción *(n)* : *la rédaction* ; redactar *(v)* : *rédiger*.

2   1. el periódico − 2. el columnista − 3. la emisora de radio.

3   1. la censura − 2. el notición *(le scoop, la nouvelle sensationnelle)*.

5   1. c − 2. e − 3. a − 4. f − 5. b − 6. d.

6   (a) 1, 3, 6 − (b) 2 (catalan), 4, 5.

7   1. b − 2. c − 3. a.

page 85

1   1. coleccionar *(v)* : *collectionner* − 2. el baile
(n) : *la danse, le bal* − 3. ir de copas *(v)* : *faire la tournée des cafés* − 4. esconderse *(v)* : *se cacher*.

2   1. d − 2. a − 3. g − 4. e − 5. c − 6. f − 7. b.

3   1. c − 2. b − 3. a.

4   1. b − 2. d − 3. a − 4. c.

5   1. e − 2. c − 3. f − 4. a − 5. d − 6. g − 7. b.

page 87

1   1. el comentario *(n)* : *le commentaire* − 2. leer
(v) : *lire* − 3. componer *(v)* : *composer*.

2 1. f − 2. c − 3. e − 4. a − 5. d − 6. g − 7. b.

4 1. e − 2. a − 3. g − 4. b − 5. h − 6. d − 7. f − 8. c.

5 1. el violón − 2. la gama − 3. los cobres − 4. la nana − 5. el escritor − 6. la narración − 7. un poema.

6 1. surrealista − 2. la poesía − 3. la forma − 4. afinado.

7 1. c − 2. a − 3. e − 4. d − 5. f − 6. b − 7. j − 8. k − 9. i − 10. g − 11. h.

page 89

1 1. poner, echar una película : *passer un film* − 2. *prendre les billets* − 3. *la première* − 4. *à l'affiche.*

2 1. b − 2. c − 3. a.

3 1. d − 2. h − 3. e − 4. k − 5. a − 6. n − 7. g − 8. l − 9. c − 10. j − 11. f − 12. m − 13. i − 14. b.

4 1. d − 2. g − 3. b − 4. f − 5. c − 6. e − 7. a − 8. j − 9. h − 10. i − 11. k.

5 1. la obra − 2. la jornada − 3. el escenario − 4. la actuación

page 91

1 1. b − 2. d − 3. e − 4. c − 5. a.

2 1. d − 2. c − 3. e − 4. a − 5. b.

3 1. b − 2. d − 3. a − 4. c.

4 1. d − 2. b − 3. c − 4. e − 5. a.

5 1. b − 2. a − 3. e − 4. c − 5. g − 6. d − 7. f.

page 93

2 1. c − 2. b − 3. d − 4. a − 5. f − 6. e.

3 1. e − 2. f − 3. g − 4. b − 5. d − 6. a − 7. c.

4 1. d − 2. f − 3. a − 4. c − 5. e − 6. b.

5 1. d − 2. e − 3. b − 4. f − 5. g − 6. a − 7. c.

page 95

1 1. competir con − 2. hundirse − 3. crecer − 4. reactivar − 5. cifrar.

2 1. la inflación − 2. la recesión − 3. la recuperación − 4. la competencia − 5. deflacionista.

3 1. c − 2. a − 3. b.

4 1. c − 2. e − 3. d − 4. f − 5. b − 6. g − 7. a.

6 1. c − 2. a − 3. d − 4. b.

page 97

1 1. el sueldo − 2. la labor − 3. contratar − 4. la nómina − 5. el desempleo − 6. el parado − 7. estar en paro − 8. el puesto.

2 1. contratar − 2. el empleado − 3. el paro − 4. el trabajo a medio tiempo − 5. buscar un empleo.

3 1. b − 2. c − 3. e − 4. a − 5. d.

4 1. d − 2. a − 3. b − 4. c.

page 99

1 1. una carencia *(n)* : *un manque* → carente *(adj.)* : *manquant* − 2. buscar *(v)* : *chercher* → la búsqueda *(n)* : *la recherche* − 3. los mineros *(n)* : *les mineurs* → la mina *(n)* : *la mine* ; la minería *(n)* : *le travail des mines* − 4. industriales *(adj.)* : *industriels* → industrializar *(v)* : *industrialiser* − 5. la energía *(n)* : *l'énergie* → energético *(adj.)* : *énergétique* − 6. una refinería *(n)* : *une raffinerie* → refinar *(v)* : *raffiner.*

3 1. el embalse − 2. el producto terminado − 3. fabricar − 4. faltar − 5. sacar − 6. el generador − 7. el apagón.

4 1. el producto acabado − 2. las tecnologías blandas − 3. el excedente − 4. destruir.

5 1. d − 2. g − 3. b − 4. e − 5. f − 6. c − 7. a.

6 1. pétrole brut − 2. raffiner, combustible, lubrifiants.

ADIVINANZA   El carbón

page 101

1 1. e − 2. d − 3. a − 4. b − 5. c − 6. g − 7. f − 8. j − 9. h − 10. k − 11. i.

2 1. b − 2. a − 3. d − 4. e − 5. g − 6. h − 7. c − 8. f.

4 1. b − 2. d − 3. a − 4. c.

5 1. c − 2. d − 3. a − 4. b.

6 1. el ministerio − 2. el Congreso de los diputados − 3. el senado − 4. el despacho − 5. la empresa.

page 103

1 1. d *(à travers champs)* − 2. a − 3. e − 4. b − 5. g − 6. c − 7. h − 8. f.

2 1. c − 2. b − 3. d − 4. a.

3 1. seco − 2. labrar − 3. morirse de hambre − 4. el huerto.

4 1. fértil − 2. la inundación − 3. seco.

5 1. e − 2. c − 3. a − 4. g − 5. f − 6. d − 7. b.

6 1. c − 2. d − 3. b − 4. a.

7 5.

page 105

[1]   1. vender *(v)* → la venta *(n)* : *la vente* − 2. comprar *(v)* → la compra *(n)* : *l'achat* − 3. las rebajas *(n)* → rebajar *(v)* : *solder*.

[2]   2. c − 2. a − 3. d − 4. e − 5. b.

[3]   1. d − 2. a − 3. b − 4. e − 5. c.

[4]   1. c − 2. d − 3. f − 4. e − 5. b − 6. a.

[5]   1. f − 2. g − 3. d − 4. h − 5. b − 6. c − 7. e − 8. a.

[6]   1. c − 2. f − 3. h − 4. b − 5. i − 6. e − 7. a − 8. d − 9. g.

page 107

[1]   1. un crucero *(n)* : *une croisière* → cruzar *(v)* : *croiser* − 2. el café *(n)* : *le café* − 3. dar una propina *(v)* : *donner un pourboire* − 4. un hotelucho *(n)* : *un petit hôtel*.

[3]   1. i − 2. f − 3. h − 4. a − 5. g − 6. e − 7. c − 8. b − 9. d.

[4]   1. c. *boire un coup* − 2. a. *repas (ici, cuisine familiale)* − 3. d. *fréquenté* − 4. b. *des pâtisseries*.

page 109

[1]   1. el lanzamiento *(n)* → lanzar *(v)* : *lancer* − 2. apuntar a un blanco *(v)* → un blanco *(n)* : *la cible* − 3. diseñador *(n)* → diseñar *(v)* : *dessiner*.

[3]   1. el aviso − 2. el lema − 3. el anunciante − 4. el conceptor − 5. timar.

[4]   1. logrado − 2. chillón − 3. atractivo.

[5]   A. 1. d − 2. a − 3. e − 4. b − 5. c.
B. 1. d − 2. a − 3. e − 4. b − 5. c.

page 111

[1]   1. el talón − 2. la orden de pago − 3. el dinero líquido − 4. economizar.

[2]   1. depositar dinero − 2. cerrar una cuenta − 3. el saldo deudor − 4. gastar − 5. prestar.

[3]   A 1. d − 2. f − 3. e − 4. h − 5. a − 6. c − 7. j − 8. i − 9. g − 10. b − 11. k.

B 1. h − 2. c − 3. a − 4. i − 5. b − 6. g − 7. d − 8. f − 9. e − 10. j − 11. k.

[4]   1. firmar *(v)* : *signer* → la firma *(n)* : *la signature* − 2. cambiar *(v)* : *changer* → el cambio *(n)* : *le change* − 3. devaluar *(v)* : *dévaluer* → la devaluación *(n)* : *la dévaluation* − 4. el vencimiento *(n)* : *l'échéance* → vencer *(v)* : *arriver à échéance*.

[5]   1. b − 2. c (cobrar) − 3. d − 4. a.

page 113

[1]   1. ingresar *(v)* : *entrer, adhérer* → el ingreso *(n)* : *l'entrée* − 2. el convenio *(n)* : *l'accord* → convenir *(v)* : *tomber d'accord, s'accorder* − 3. el contrabandista *(n)* : *le contrebandier* → contrabandear *(v)* : *faire de la contrebande* − 4. los impuestos *(n)* : *les impôts* → someter a un impuesto *(v)* : *imposer* − 5. los aduaneros *(n)* : *les douaniers* → aduanero *(adj.)* : *douanier*.

[3]   1. d − 2. a − 3. f − 4. b − 5. c − 6. e − 7. h − 8 g.

[4]   1. b − 2. e − 3. d − 4. c − 5. a.

[5]   1. b − 2. e − 3. d − 4. a − 5. c.

page 115

[3]   1. f − 2. a − 3. g − 4. e − 5. c − 6. d − 7. b.

[4]   1. rico − 2. acomodado − 3. especular − 4. colocar.

[5]   1. rico − 2. jugar al alza − 3. ahorrador.

[6]   1. c − 2. d − 3. a − 4. b.

ADIVINANZA (1)   El dinero

ADIVINANZA (2)   La moneda

page 117

[1]   1. el almidón *(l'amidon)* − 2. el alcohol *(l'alcool)* − 3. el agua *(l'eau)* − 4. el carbón de leña *(le charbon de bois)* − 5. el aceite *(l'huile)* − 6. el sodio *(le sodium)* − 7. el carbón *(le charbon)* − 8. la arena *(le sable)* − 9. la herrumbre *(la rouille)* − 10. el cartón *(le carton)* − 11. el cuero *(le cuir)* − 12. la piel *(la fourrure)* − 13. el ante *(le daim)* − 14. el oro y la plata *(l'or et l'argent)* − 15. el cianuro *(le cyanure)*.

[2]   (a) 1, 4, 6, 7, 12 − (b) 5, 10, 13 − (c) 9, 11, 14 − (d) 3, 8 − (e) 2.

[3]   1. *une bouteille* − 2. *un pot* − 3. *une boîte* − 4. *une carafe* − 5. *une boîte (de conserve)* − 6. *un tube* − 7. *un flacon*.

[4]   1. *atomes d'hydrogène/atomes d'oxygène* − 2. *noyau* − 3. *morceaux* − 4. *tranche, tartine* − 5. *lambeaux* − 6. *couche* − 7. *bout/morceau* − 8. *pincée* − 9. *berlingot*.

page 119

[2]   1. a − 2. b − 3. c.

[3]   1. a − 2. c − 3. b − 4. d.

[4]   1. e − 2. d − 3. c − 4. b − 5. a.

[5]   1. g − 2. b − 3. f − 4. a − 5. d − 6. e − 7. c.

[6]   1. b − 2. c − 3. a.

page 121

[2]   1. d − 2. c − 3. a − 4. f − 5. b − 6. g − 7. e.

3 1. d − 2. e − 3. a − 4. c − 5. b.

5 1. apagar − 2. bajar − 3. enchufar − 4. caerse, perder el equilibrio

6 (1) b, c, d, f − (2) a, e.

page 123

1 1. informatizar − 2. grabar − 3. fotografiar, retratar − 4. revelar − 5. enfocar − 6. telecopiar.

2 1. d − 2. a − 3. b − 4. c.

5 1 − 3 − 5 − 7

ADIVINANZA El ratón

page 125

2 1. c − 2. d − 3. a − 4. b.

3 1. b − 2. c − 3. a.

4 1. *l'angle droit* − 2. *symétrique* − 3. *angle aigu* − 4. *une perpendiculaire* − 5. *a sur b* − 6. *10 puissance 4* − 7. *extraire la racine carrée* − 8. *une équation à deux inconnues* − 9. *une équation du premier degré* − 10. *mettre en équation* − 11. *dans mon total* − 12. *tend vers* − 13. *le dizième* − 14. *les trois cinquièmes* − 15. *élever un nombre à la puissance 4.*

5 1. la aritmética − 2. la geometría − 3. la álgebra − 4. las estadísticas − 5. las matemáticas − 6. los científicos.

page 129

1 1. a la derecha − 2. lejos − 3. fuera − 4. abajo − 5. detrás − 6. debajo − 7. en ninguna parte − 8. por dentro − 9. allá abajo.

4 1. e − 2. c − 3. b − 4. d − 5. a.

5 1. junto a − 2. remoto − 3. lindante − 4. aparte − 5. en pie − 6. la lejanía − 7. acá − 8. por ahí − 9. dondequiera.

6 1. atrás − 2. en casa − 3. cerca − 4. a lo lejos − 5. en alguna parte − 6. en cualquier sitio − 7. fuera.

page 131

1 1. el paseo *(n)* : *la promenade* → pasearse *(v)* : *se promener* − 2. pararse *(v)* : *s'arrêter* → la parada *(n)* : *l'arrêt* − 3. subir *(v)* : *monter* → la subida *(n)* : *la montée* − 4. la riada *(n)* : *la ruée* → arrojarse *(v)* : *se ruer* − 5. la carrera *(n)* : *la course* → correr *(v)* : *courir* − 6. el callejeo *(n)* : *la flânerie* → callejear *(v)* : *flâner.*

2 1. c − 2. j − 3. g − 4. b − 5. h − 6. a − 7. e − 8. f − 9. i − 10. d.

3 1. la salida − 2. entrar − 3. móvil − 5. marchar, partir − 6. venir − 7. correr.

4 1. *glisser* − 2. *plonger* − 3. *voltiger* − 4. *errer.*

5 1. d − 2. e − 3. a − 4. h − 5. c − 6. j − 7. i − 8. f − 9. g − 10. b.

6 1. b − 2. e − 3. f − 4. a − 5. d − 6. c.

page 133

2 1. la mañana − 2. la tarde − 3. la noche − 4. el momento − 5. continuar − 6. la ocasión − 7. el instante − 8. comenzar − 9. la eternidad.

3 1. f − 2. h − 3. g − 4. a − 5. d − 6. b − 7. e − 8. c.

4 1. a corto plazo − 2. el porvenir − 3. futuro − 4. habitual − 5. tarde − 6. a tiempo − 7. acabar.

5 1. d − 2. c − 3. a − 4. b − 5. f − 6. e.

page 135

1 1. e − 2. h − 3. f − 4. b − 5. a − 6. j − 7. l − 8. d − 9. c − 10. g − 11. m − 12. k − 13. i.

2 (a) lunes ; martes ; miércoles ; jueves ; viernes ; sábado ; domingo.

(b) enero ; febrero ; marzo ; abril ; mayo ; junio ; julio ; agosto ; septiembre ; octubre ; noviembre ; diciembre.

3 un minuto ; un cuarto de hora ; media hora ; una hora ; un día ; una semana ; una quincena ; un mes ; un semestre ; un año ; un año bisiesto ; un decenio ; un siglo.

4 1. g − 2. d − 3. j − 4. i − 5. k − 6. a − 7. b − 8. c − 9. f − 10. e − 11. h.

5 1. d − 2. c − 3. b − 4. e − 5. a.

page 137

1 1. casual − 2. simultáneo − 3. aproximado − 4. frecuente − 5. ocasional − 6. súbito − 7. instantáneo − 8. anual − 9. inmediato − 10. antiguo − 11. antecedente − 12. actual − 13. eterno − 14. perpetuo − 15. continuo − 16. reciente.

2 1. c − 2. e − 3. d − 4. a − 5. b.

3 1. nunca − 2. después − 3. a veces − 4. muchas veces − 5. a fines de mes.

4 1. f − 2. c − 3. e − 4. a − 5. d − 6. g − 7. b − 8. m − 9. n − 10. l − 11. h − 12. o − 13. j − 14. k − 15. i

5 1. d − 2. c − 3. f − 4. b − 5. g − 6. e − 7. a.

page 139

1 1. c − 2. f − 3. g − 4. e − 5. b − 6. d.

2 1. c − 2. g − 3. e − 4. h − 5. a − 6. d − 7. f − 8. b.

3 1. c − 2. n − 3. a − 4. h − 5. f − 6. i − 7. d − 8. j − 9. e − 10. m − 11. k − 12. l − 13. g − 14. b.

4 1. b − 2. c − 3. a.

5 a. 3 − b. 8 − c. 1 − d. 7 − e. 4 − f. 2 − g. 5 − h. 6.

page 141

1 1. b − 2. a − 3. c.

2 1. c − 2. a − 3. d − 4. b.

3 1. d − 2. a − 3. c − 4. b.

4 1. b − 2. c − 3. a.

5 1. puntiagudo − 2. concavo − 3. saliente − 4. diminuto, minúsculo − 5. derecho − 6. lleno.

6 1. d − 2. b − 3. e − 4. a − 5. c.

ADIVINANZA El hilo

page 143

1 1. un defecto − 2. un inconveniente − 3. barato − 4. verdadero − 5. malo − 6. perfecto − 7. correcto − 8. normal 9. ordinario − 10. distinto − 11. insignificante − 12. superfluo − 13. útil − 14. fácil − 15. sencillo − 16. raro − 17. inexacto − 18. comparar − 19. de mentira − 20. raro

2 1. una dificultad − 2. indispensable − 3. exacto − 4. corriente − 5. costoso − 6. semejante − 7. distinto − 8. común.

4 1. *très mauvais* − 2. *aigu* − 3. *adapté, approprié.*

5 1. malísimo − 2. baratísimo − 3. buenísimo − 4. rarísimo − 5. sencillísimo.

page 145

1 1. c − 2. d − 3. a − 4. e − 5. b.

2 1. f − 2. l − 3. r − 3. h − 5. b − 6. q − 7. k − 8. a − 9. i − 10. e − 11. o − 12. m − 13. c − 14. t − 15. p − 16. j − 17. s − 18. g − 19. n − 20. d.

4 1 − 3.

Édition : Cécile Geiger, Valérie Perthué
Relecture : Mireille Touret
Maquette intérieure et composition : Compo 2000
Maquette de couverture : Favre - Lhaik/K. Fleury
Crédits photographiques de couverture : hd : Photodisc ; hd : Ph. J. Boltet Coll. Archives Larbor ; mg : Photodisc ; md : Photodisc ; bg : Ph. Mas © Archives Larbor ; bd : Photodisc
Dessins : Gabs (pages 19, 23, 37, 45, 51, 59, 71, 77, 81, 91, 115, 117, 133, 145)
Jérome Lo Monaco (pages 5, 11, 47, 55, 121, 127)

N° d'Éditeur : 10144753 - C2000 - Août 2007

Imprimé en France par EMD S.A.S - 53110 Lassay-les-Châteaux
N° dossier : 17650 - Dépôt légal : août 2007